07115
20.00

FINITE FORMULAE &
THEORIES OF CHANCE

Wioletta Greg

FINITE FORMULAE & THEORIES OF CHANCE

Translated by
Marek Kazmierski

2014

Published by Arc Publications,
Nanholme Mill, Shaw Wood Road
Todmorden OL14 6DA, UK
www.arcpublications.co.uk

978 1908376 91 6 (pbk)
978 1908376 92 3 (hbk)
978 1908376 93 0 (ebook)

Design by Tony Ward
Printed by Lightning Source

Cover painting: 'Ceremonials 4' © Marcelina Amelia
(www.marcelinaamelia.com) 2014 by kind permission of the artist.

ACKNOWLEDGEMENTS
A number of these poems in earlier versions were published in
book form by Off_Press in 2011 and some of them have appeared
in *Litro Magazine* (126 / 2013) and *Poetry Wales* (50. 1 / 2014).
The author would like to thank Asia Monika Bakalar and Magda
Raczyńska from The Polish Cultural Institute for continuous
support in the publication of this book, as well as the translator
of her poems, Marek Kazmierski.
The translator wishes to thank the Polish Book Institute for the
generous grant which made the translation of this book possible.
The publisher wishes to thank The Polish Cultural Institute,
London for its support of this book in the UK.
Particular thanks go to Stephen Watts for the help and advice
he has given to both translator and publisher throughout the
preparation of this book.

'Arc Translations'
Series Editor: Jean Boase-Beier

CONTENTS

PART II

Nie ma niczego słabszego na Ziemi niż człowiek –
napisał Homer. Procentowo nasze ciało wypełnia
głównie słona woda, a to może też znaczyć,
że jakiś szalony Odys chciałby w nas żeglować.

*

Homer said: "Nothing on Earth is weaker
than humans." Percentage-wise, our bodies
are mostly water, which could also make
some crazed Odysseus set sail inside us.

('Lektorzy' / 'Readers' pp. 78-9)

PART I

SELECTED POEMS

Ci ludzie na moście i on siedmioletni
co tchu biegnie z nimi, porzucił na drodze
koszyk z pisklętami. Lizak wpadł do rzeki,
a spóźniona matka na siewierskim targu
kłóci się o ruble ze starą przekupką.

Szybciej, chłopcze, szybciej! Teraz masz okazję
pobawić się serio „w gąski, wilka z lasu".
Ludzie, tam są dzieci! Jak miąższ malinówek.
Zdeptane grzechotki. Czarne proce z dętki
i pęknięte skrzypce. W górze tango ptaków,
tango bomb i butów. Metal traci gęstość.

Szybciej, chłopcze, szybciej! Zanim bomba spadnie,
zanim most się zwinie w płonące obręcze,
które wypchną ludzi w gorące powietrze,
ty skoczysz do wody i odzyskasz oddech:
w mule, w tataraku i
                    na brzegu łóżka.

GRANDFATHER ON A BRIDGE, JULY 1914

Crowds rushing the bridge, the boy barely seven
out of breath and running, forced to abandon
his basket of hatchlings. His lolly slips into
the river, while mother, so late for the market,
haggles over roubles with an old babushka.

Faster, boy, faster! Do not waste your chances
to play it for real, be wolf to their geese.
People, the children! Like apples, abandoned.
Toys trampled by boots, slings made of old rubber,
a broken violin. Above, birds in tango,
a tango of shelling. Metal uncohering.

Faster, boy, faster! Before the bombardment
twists the steel bridge into rings of wild fire,
bodies cast like feathers up into flaming air,
you will dive into the water and find breath recovered
in the silt, the sweet flag and
                              the shore of your bed.

DZIADEK JEDZIE DO WARSZAWY, WRZESIEŃ 1939-1945

Ja Władysław, syn Marianny i Józefa, stolarz
z dziada pradziada, urodzony na gołym klepisku
jako dziecko od pasania krów uciekałem,
modlić się pod kapliczką do anioła stróża,
by choć raz pozwolił mi pojechać do Warszawy,
którą widziałem na obrazie u księdza w Kamyku.

Ożeniłem się z panną – zamiast serca kamyk.
Wysłali rozkaz, abym jechał do Warszawy.
Wcielili mnie do armii. Pytajcie anioła stróża,
jak pognali mnie do obozu, gdy uciekałem
z Sudetów, żułem z głodu korę. Na klepisku
konałem jak bydlę, ja syn Józefa, stolarz,

jak postrzelona kuna w lesie na klepisku
i nie wyniuchał esesmański pies stolarza.
W rynnie pod mostem dziękowałem Stróżowi,
że mnie nie zawiódł do płonącej Warszawy,
co paliła się jak stodoła. Tam nie było kamyka,
którego by nie podeptał wojskowy but. Uciekałem

na furmance, za pazuchą mój Anioł Stróż
heblował mnie na człowieka, mnie stolarza?
Dał cynk, gdy podchodziłem do Warszawy,
że ślubna z byle cepem urzęduje na klepisku.
Chciałem babie manto spuścić, ale uciekła,
perliczka jedna. Z domu nie został kamyk.

Wystrugałem nowe gniazdko, ale uciekałem
do gospody przed miejscowym aniołem stróżem,
co partią mamił, obiłem mu mordę na klepisku,
przyjechali mundurowi i wsadzili mnie, stolarza,
ojca dzieci, po których został cmentarny kamyk.

12

GRANDFATHER ON HIS WAY TO WARSAW, SEPTEMBER 1939-1945

I, Władysław, of Józef and Marianna, a carpenter
like my father before me, born on a bare stone floor.
When a child, from the chore of herding I'd escape,
to go and pray by the chapel of our holy guardian
for the chance to travel all the way to Warsaw,
once glimpsed engraved in semi-precious stone.

I had married a girl – her heart of such stone.
They sent an order, so I travelled to Warsaw
to enter the army. Ask our angel guardian
how they took me captive when I escaped
the Sudeten, chewing on bark. On a floor
almost dying like a dog, I, Józef's son, a carpenter,

or like a shot marten on the woodland floor,
but the SS dogs didn't find me, such a meek carpenter.
Hiding beneath a bridge, I thanked my own Guardian
that he let me escape the battling furnace of Warsaw,
burning like a barn. There was no stone
unturned by the army spies. I escaped

on a horse cart, shouldering my angel guardian,
who kept planing away at me, a coarse carpenter.
He let me know, as we approached Warsaw,
that my bride had lain with others on our own floor.
I wanted to hand her a hiding, but she escaped,
the little weasel. Our house torn down, not a stone

left for me to make a new nest of, but I escaped
to the inn from a communist militia guard,
the Party lapdog, I smashed his face into the floor,
the secret police took me away, me, an ordinary carpenter,
a father who's had to make so many grave stones.

13

Długo śniłem na pryczy z aniołem stróżem,
że leżę w hotelu i oglądam ulice Warszawy
przez okienko jak oko waserwagi stolarza,
leżę w srebrnej wannie, nie na klepisku,
wącham małe mydełko jak rzeczny kamyk,

leżę tak sobie bez wiórów i nie uciekam.
Ze snu wyrywa mnie klawisz – wredny stróż.
Ja stolarz, syn Józefa, urodzony na klepisku
uciekałem całe życie przed Aniołem Stróżem do Warszawy.
Niech spadnie z serca kamyk.

I then dreamt, in a prison bed, with my saintly guardian,
that I'm lying in a hotel, watching the streets of Warsaw
through a window with the keen eye of a carpenter,
submerged in a silver bath, not on any cold floor,
smelling a tiny bar of soap like a riverside stone,

lying there without bedding and not escaping.
Dragged out of dreams by a turn-key – the damn guard.
I, a carpenter, son of Józef, born on a stone floor,
all my life escaping the Guardian Angel of Warsaw.
Let my heart never turn to stone.

DZIADEK UCIEKA ZE STALAGU I UKRYWA SIĘ NA JURZE, 1941

Noce wyryte na ścianach jaskiń,
talerzyki z kory, na których układał
rozłupane kamieniem renety.

Łasica dzieliła z nim gniazda
polnych ptaków i królicze nory.
Lisy schodziły mu z drogi.

Zamarznięte owoce jarzębiny
czy świąteczne bombki? Opłatek
czy historia? Czarnoziem czy kości
tych, którzy z nim poszli we wrześniu?

Myślał, że kolejna zima go dobije,
lecz przeżył, by śpiewać w gospodach
zakazane piosenki, budować chlebowe piece.

Noce są polem granicznym. Krzaki świecą
ślepiami niemieckich owczarków.
Gałęzie odbezpieczają magazynki rosy.

GRANDFATHER ESCAPES A STALAG AND HIDES OUT
IN THE JURASSIC HIGHLANDS, 1941

Nights etched into cave walls,
plates of bark, upon which he laid
Russets cut with a rock.

A weasel shared her bounty
of field birds and rabbit holes.
Foxes got out of his way.

Frozen rowan berries
or Christmas baubles? Communion
or history? Black earth or bones
of those who went with him in September?

One more winter will do me in, he thought,
but he lived on to sing in taverns
his forbidden songs and build his bread ovens.

Nights are his borderlands. Bushes glowing
with the tracking eyes of German shepherds.
The trigger fingers of branches heavy with dew.

Jechałyśmy ściśnięte jak plewy.
Zgubiłam siostrę i horyzont za Uralem.
W lepiance próbowałam ugotować zupę:
zmarznięte na kość liście szczawiu
smarowałam baranim łojem,
topiłam śnieg pod kożuchem,
bo nie znam kirgiskiej pieśni,
która wskrzesza ogień w drewnie i kamieniu.

Zatańcz, iskro, wygoń lodowate i tyfus,
obudź matkę piołunowym lekiem.

THIRTEEN, IN A GULAG, 1950

We rode on, squashed together like harvested hay.
I lost my sister and my bearings the other side of the Urals,
tried to make soup in some mud hut,
rubbing frozen sorrel leaves
with mutton tallow, trying to
melt snow under my sheepskin,
seeing as no one had taught me the Kyrgyz songs
which magically light fires in wood and in stone.

Dance, o spark, chase away the ice and putrid fever,
wake mother with your wormwood medicine.

Z PUCHEM

Wschodni wiatr dmuchnął
horyzont, czyniąc z wioski Syberię.
Jęczą druty, sztywnieją włosy, ogniska gasną.
Obym nie skończyła jak rybka sąsiada,
która rozpuściła się w lodowatej wodzie
jak pęcherzyk w musującym wapnie.

Cisza w stołowym nawleka paciorki,
skrapla je nad piecem, który powstał z gliny
zaraz po wojnie i mimo trefnych przewodów
przez cały wiek nikogo nie zaczadził.

Hej ty, świetlisty tragarzu puchu,
wywlecz z szopy swój wózek
i przywieź mi zapas piór.
Wypcham nimi nieziemską pierzynę
i nigdy nie będę już marznąć.

WITH DOWN

The eastern wind stroked
the horizon, our village turning Siberian.
Wires moan, hairs stiffen, campfires die.
Don't let me vanish like the neighbour's goldfish,
which dissolved in its icy bowl,
a speck of bubbling aspirin.

Silence in the dining room threads its beads,
liquefying them over a stove, formed of clay
right after the War, which, despite its shoddy piping,
hasn't leaked or gassed a soul in a century.

Hey you, shining porter of pure down,
drag your cart from the barn
and deliver me a load of feathers.
With them I will stuff our unearthly bedding
and never feel the cold again.

WYKOPKI

Pole przypominało stół złotnika:
plamy kwasów wżarte w grządki,
odpryski rubinu w krzakach głogu.

Facet, który nas wtedy wynajął
za kilka niewiele wartych banknotów
z Waryńskim, siedział na prochowcu
i popijał kompot z metalowego kubka.

Był półmrok, wilgoć. Dzikie oczy
podglądały nas z kłębów perzu.
Zanurzałam ręce w miękką ziemię
jak rzeźnik w jeszcze ciepłą wątrobę
i wrzucałam do kosza aksamitne bulwy.

THE DIGS

The field reminiscent of a gilded table,
acid stains etched into ploughed rows,
ruby shards glistening in the hawthorn.

The guy who had hired us
for a handful of near-worthless
Party-stamped banknotes, sat on his trench coat,
sipping compote from a steel mug.

It was getting darker, already damp. Wild eyes
peeked out at us from tumbling couch-grass.
I plunged my hands into the soft earth,
like a butcher into still-warm livers,
tossing satin bulbs into wicker baskets.

ZABAWA OBRĘCZAMI

Wieczorem zrzucamy ze wzgórza obręcze
ukradzione dzień wcześniej z wysypiska.
Koła prują trawę. Koniec zjada początek.
Okolica zwija się w szprychach, uwalniając
fetor dzikich sadzawek i dołów z wapnem.

My, nastoletni, z plamkami owocówek
na umorusanych policzkach
biegniemy na bosaka za świstem obręczy
prosto na pola, gdzie podzielimy się
w pocałunkach gorzkimi pyłkami lebiody.

ROLLING HOOPS

Come evening, we toss the hoops downhill,
the ones we stole yesterday from the local scrap yard.
Rings ripping grass. The end swallowing the beginning.
The view tangled up in the spokes, releasing
the stench of wild ponds and lime pits.

Our filthy teenage cheeks speckled
with fruit fly remains,
chasing, barefoot, the whizzing ring
across rape fields where we will share,
in kisses, bitter marjoram pollen.

FERIE

Zjeżdżamy z oblodzonego pagórka
na workach wypchanych sianem,
połykając kule powietrza, kawałki
nieba, deble słupów granicznych.
Wysypuję odpryski lodu z relaxów,
aż sztywnieją przemoczone rękawiczki
i znowu biegnę na górkę jak w transie
z nadzieją, że będzie tak całe ferie.

Mój Mont Blanc topi się od plandeki.
Słońce znika szybciej niż adrenalina
na rozpalonych, dziecięcych policzkach.
Za krzakami pojawiają się światła latarki.
Ktoś woła: – Do domu! – więc wracamy.
Oczka szklą się jak zamarzające planety.

HALF-TERM

Sliding down our frozen hill
on sacks stuffed full of hay,
we swallow clumps of air, pieces
of sky, slaloming border posts.
I empty my moon-boots of icy shards,
my soaked gloves stiffening,
and again run up the mound as if entranced,
hoping all of half-term will be like this.

My Mont Blanc is melting with all this friction.
The sun fading faster than adrenaline
from our flaming cheeks.
Torches come peering through bushes.
Someone shouts: – Go home! – so we go.
Eyes freezing over like tiny planets.

W SZAFIE BABCI

W strukturach bawełny i aksamitu ślady krwi,
kryształki soli z niedopranych łez,
w koronkowych kołnierzykach kupionych
przed wojną od znajomej Żydówki
miedziane broszki, drogocenne pamiątki.

Przez dziurkę od klucza wlewa się ciepło,
za którym tęsknią pestki słonecznika
dawno ukryte w kieszeniach płaszcza.
W korytarzach wyrzeźbionych przez korniki
mieszkają wróżki nucące kołysankę ciszy.

Tam jest lawendowe niebo zakrzyczanych dzieci.

IN GRANDMA'S WARDROBE

In the structures of cotton velvet, traces of blood,
salt crystals from tears which didn't wash out,
in lace collars purchased before the War
from a certain Jewish seamstress
brass brooches, precious souvenirs.

Warmth seeps in through the keyhole,
the kind sunflower seeds lust after,
hidden long ago inside a coat pocket.
In corridors carved by woodworm,
witches have set up home, humming us into silence.

There the lavender skies of shouted-down children.

Córko pszenicy, niewolnico chytrej lebiody,
matko pięciu stron świata i trzech hektarów,
ostronosa żono stolarza, kochanico zduna,
pachnąca szarym mydłem królowo, w chustce
ze złotą nitką, pani, z nimbem ptaków o świcie,
umęczona wasalko pól, chleba naszego akuszerko,
mistrzyni polewki i żuru, opiekunko kapusty,
która zanosiłaś dojrzały sierpień do stodoły,
wojowniczko znienawidzona przez koty;
bono kwaśnego zaczynu w kamiennym domu,
niedotleniona meduzo o poskręcanych palcach,
nawlekająca nas na nitkę jak ćwiartki gruszki,
urodziwa Selenitko z wytrzeszczonymi oczami,
z wolem tarczycy na szyi czarna wróżbitko,
widzę wokół twoje deseniowe spódnice,
siedem napiętych antenackich kręgów,
lunatyczko łapiąca oddech przez szczeliny snu,
damo z jaskrą idąca po omacku do światła
w stołowym, w piecu, na ganku i w studni,
na łożu małżeńskim ukrzyżowana rodzicielko,
porzucona metreso, słodko-gorzka niewolnico
dawnych przyśpiewek, zabobonów i wierzeń,
babciu, wytrwała kusicielko, sina wierzbo,
nawiedzająca uparcie moje myśli i wiersze,
klepsydro, księgo starych słów i światów
ze złamanym obojczykiem popłyń
na zawsze z tą bezbarwną rzeką.

Wheat daughter, prisoner of sneaky pigweed, mother
to the five corners of the world and your three hectares,
beak-nosed carpenter's wife and the potter's lover,
queen of the aroma of grey soap, head covered
with a gold-trimmed kerchief, the glory of birds at dawn,
tired liege of furrowed fields, midwife to our breads,
magic purveyor of spirit and rye, protector of cabbages,
you who brought ripe Augusts deep into the barn,
warrior woman feared and hated by all local cats,
nurse of the sour leaven in our stone house,
air-starved Medusa twirling your gnarled fingers,
threading us together like slices of pear,
comely Selenite glaring through bulging eyes,
our dark diviner, your neck a heavy lump of thyroid,
all around me I can still see your patterned skirts,
seven tightly-wound growth rings,
sleepwalker catching gasps through cracks in sleep,
dame with glaucoma scrabbling around for a light
in the dining room, the stove, on the porch and in the well,
mother nailed to the cross of your marriage bed,
abandoned mistress and bitter-sweet slave
of old tunes, superstitions and beliefs,
dear Nan, relentless flirt, dark willow,
forever invading my thoughts and verses,
hourglass, book of old words and worlds
with your cracked collarbone sail on
forever down that colourless river.

PAMIĘĆ SMIENY

Mam po niej dwa zdjęcia i przeczucie,
że coś nas łączy poza więzami krwi.
Może podobna skłonność do wzruszeń,
które utrwalała radzieckim aparatem.

Po komunii ściemniały jej włosy.
Podarowany Poljot zatrzeszczał.
Sprężynka pękła. Przyspieszył czas
po pierwszej miesiączce. Obolałe
dzieciństwo nie zgoiło się do wesela.

Po trzydziestce zaczęła się budzić.
Jak stara synogarlica wysiadująca
z przyzwyczajenia puste gniazdo
uczyła się w spółdzielczym mieszkaniu
kląć, prasować koszule dla tego,
który automatycznie obiera kartofle.

– Czy skończoność może się dłużyć?

SMENA'S MEMORY

She left me with two pictures and the suspicion
that something other than blood lines binds us.
Maybe a tendency to give rise to quick feelings,
quivers she captured with a Soviet-made camera.

Her hair turned darker after her First Communion.
The wristwatch she received as a gift squeaked.
A wee spring broke. Time racing
past her first period. A painful
childhood which did not heal with time.

At thirty, she began to wake.
Like an old turtle dove warming
an empty nest out of sheer habit,
in a council flat she learnt
how to swear, iron shirts for the one
who peels potatoes without being asked.

– Can the finite ever go on too long?

WIERSZ WIELKANOCNY

Zimny kwiecień. Kurczęta dojrzewały
w klatce pod ogromną żarówką.
Podawałam im poszatkowany pokarm:
gotowane jajka, krwawnik, wodę na denku.
Oglądałam stworzenia pachnące piaskiem
i śluzem, wyklute z nieznanej ciemni,
która była jak całonocne przerwy w dostawie prądu.
Pamiętam szelest w ciemności, kiedy gasła żarówka,
sztywniejące plamki, migotania.

AN EASTER VERSE

A cold April. Chicks coming to
in a cage under a giant light bulb.
I served them finely-chopped feed:
boiled eggs, milfoil, water in a jar lid.
I admired these beings, fragranced with sand
and mucus, hatched in an alien darkness,
not unlike the all-night cuts in electricity.
I still remember the rustling, when the bulb died,
spots of colour stiffening, flickering.

ZAGINIONA

Szukajcie mnie na strychu, pod plandeką,
pod liśćmi grążeli, na dnie kamionki.

Siedzę na czereśni i połykam guguły.
Drzewo szepcze: – Wydam cię szpakom.

MISSING

Look for me in the attic, beneath the tarp
and the lily leaves, at the bottom of the quarry.

I am perched on a cherry tree, swallowing unripened fruit,
the tree whispering: I will hand you over to the starlings.

WIOSNA, 1986

Noc była ciężka, a powietrze ożywcze
MIKE OLDFIELD

Nocą chmura z Czarnobyla spadła
na pastwiska. Nabrzmiały tarczyce.
Staw zaświecił szemranym jodem.
Jaskółki całowały krzywe lustra.

W radiu grali „Moonlight Shadow".
Harcerka z miasta założyła w szopie
klub dziewic. Paliłyśmy mentolowe,
biorąc z *Playboya* darmowe lekcje
przygotowania do życia w rodzinie.

Innego końca świata miało nie być,
a wciąż się powtarzał jak bóle brzucha
i pryszcze, do czasu aż zauważyłam
plamki ciemnej krwi na bieliźnie.

SPRING, 1986

The night was heavy, but the air was alive.

MIKE OLDFIELD

At night, the Chernobyl cloud fell
across pastures. Thyroids swelled.
The pond glowed with murmuring iodine,
swallows kissing crooked mirrors.

The radio kept playing "Moonlight Shadow".
In the barn, a girl guide from the city started
a club for virgins. Smoking menthols,
we took lessons in preparing for conjugal
life from copies of *Playboy* instead.

There would be no other end to the world,
and yet it kept coming, like cramps
and acne, until I discovered
spots of dark blood in my underwear.

RUCHY BROWNA

Woda zeszła z pola, jakby już nie chciała
regulowanych brzegów, unijnych dotacji.
Powietrze zgęstniało. Sosny zgięło w pół.
Larwy smolików popłynęły w nieznane.
O świcie miał zniknął z naszego garażu,
odsłaniając spleśniałą aktówkę dziadka,
w której wciąż ukrywał notatki ze stalagu.

Po wszystkim się zdawało, że śpimy jeszcze,
a to żywi spali na podłodze w gimnazjum,
jakby wpadli na dno pobliskich stawów,
do aktówki ze szwabskimi nazwiskami.

Świat jest pełen obcych, którzy rozdają
za friko chleb, lekarstwa, koce, a wokół nas
krążą jak smoliki ciemne cząstki wody.

BROWNIAN MOTION

Waters left our field, as if they no longer
wanted rivers channelled, no EU subsidies.
The air congealed around us. Pine trees bending double.
Weevil larvae floating into some unknown.
Damp coal dust at dawn vanished from our garage,
revealing grandfather's mold-eaten briefcase,
still hiding the notes he had kept from the stalag.

Afterwards, it seemed we were still asleep,
and it was the living dozing on the school floor,
as if they had floated deep down in local ponds,
into a briefcase full of German names.

The world is full of strangers dishing out free
bread, medicines and blankets, while all around us
dark water particles are whirling like weevils.

Ojciec wrócił ze złamaną odznaką
komendanta Straży Przemysłowej
i przewracając naleśniki na patelni,
mówił o tajnych wywózkach papieru.

Dzień się dłużył i obrastał w anegdoty
jak ta o naszym sadzie za stodołą,
który kilka lat temu zmiotła burza.

Na czerwonej płachcie kwiaty jaśminu
zmieniały kolor na bardziej czytelny,
a mój kamienny dom znikał w ulewie
z pola widzenia jak drzewa i papier.

Father snapped his Industrial Guard
Commander's badge in half, came home
and, flipping pancakes over the stove,
told us about the papers carted off in secret.

The day drew out, overgrown with anecdotes,
like the one about our orchard behind the barn,
swept away a while back by a storm.

Red crosses covered in jasmine flowers
changed colour for something more pure,
our stone house vanishing from sight
in a downpour, like trees and paper.

SPÓŹNIONE DOKARMIANIE PSZCZÓŁ

Ojciec drażnił łyżką brunatną melasę.
Pęcherzyki powietrza uciekały z garnka,
dotykały spuchniętych placów.

Z gotowym karmelem biegł do ogrodu,
gdzie między krzakami porzeczek
spały ule, a mróz przebijał kolcami pszczoły.

Ich krew krzepła w chitynowych brzuchach.
Blask ciemniał w podzielonych oczach
i zlewał się w całość nie do pojęcia.

THE LATE FEEDING OF BEES

Father struggled to stir the dark molasses,
bubbles of air escaping the pot,
tickling swollen fingers.

He would take the caramel to the orchard,
where among the leafless currant bushes
the hives slept, frosts piercing the latent swarm.

Their blood, congealed within chitin bellies,
glimmers darkened in segmented eyes,
melting together into an unfathomable whole.

Ojcze, synu mętnej Warty, synu Bożego Stoku,
synu śląskich akwenów i jurajskich kamionek,
wojowniku w tatarakach z bambusową bronią,
prowadzący wojny podjazdowe z piżmakami,
które odważyły się przegryzać tętnice grążeli,
kozetkowy onanizatorze, niech mnie pamięć myli,
Wędkarzu w liściu łopianu na głowie, magiku,
który czarowałeś skręta ze śliny, tytoniu, bibułki.
W dymie byłeś znawcą mitologii chrząszczy,
takich jak Tribolium destruktor żyjący w orzechach,
który niszczy w zagrożeniu swoje młode larwy,
muzykancie krzywdzący w nocy niewinne
bandżo i moje uszy wielkimi improwizacjami,
grający na liściach przed oniemiałą rodziną
piosenki Elvisa Preslya i więzienne ballady,
pszczelarzu, przenosiłeś gołymi rękami
z jabłoni do ula młode roje i karmiłeś je karmelem,
gołębiarzu, kłusowniku, mistrzu ceremonii,
przeszukiwałeś areały ażurowych kości,
zwinięte w zbożach kuropatwy nabierałeś na wnyki;
bażanty pozbawiałeś godowej maści i powietrza,
stare liliputki naciągałeś na miedziane szkielety,
czyste wnętrza kun faszerowałeś watoliną,
ojcze, którego odnalazłam, niech mnie pamięć myli,
na liście Wildsteina, który na portierni szkoliłeś
robotników, aby kasowali w datownikach karty pracy
jak chore, białe języki, odźwierniku posyłający
papier na sponiewieranie, biegający na pochody,
na zabawy, na odpusty, Don Juanie wiejski,
felczerze od wszystkich boleści, ratowałeś
moje życie psim sadłem, niech mnie pamięć myli,
królu hipochondryków umierający codziennie
na jedną z pięciuset stron Medycyny Domowej.
Niech będzie przeklęty ten sinawy zimorodek,
który wygrzebał gniazdo w twoim słabym sercu.

Father, son of the muddy Warta, of Boży Stok,
of Silesian reservoirs and Jurassic quarries,
Calamus warrior with a bamboo bow,
conducting guerrilla wars with muskrats
brave enough to bite through spatterdock arteries,
love-seat onanist, if memory serves right,
fisherman with a burdock leaf hat, magician,
who miracled fags out of spit, baccy and paper.
In that smoke you excelled in beetle mythologies,
like the Tribolium destructor who lives in nut shells
and, when in danger, destroys its own larvae,
musician, abusing by night your innocent
banjo and my ears with grand improvisations,
playing on leaves before your stunned family
the songs of Elvis Presley and prison ballads,
bee keeper, with your bare hands carrying
young swarms to the orchard hive, feeding them caramel,
pigeon fancier, poacher, master of ceremonies,
you picked through acres of gossamer bones,
snared partridges curled up in the wheat;
denying pheasants their nuptial ointments and air,
guinea fowl trapped in copper skeletons,
you stuffed cleaned marten skins with wadding,
father whom I found, if memory serves right,
on the Wildstein collaborators list, you who schooled
workers in corridors to mark their time cards
like sick, white tongues, of pylorus which sends
paper to be wasted, always seen at demonstrations,
at parties, at village fêtes, you farming Don Juan,
attendant to all ailments, you saved my life
with canine lard, if memory serves right,
lord of hypochondriacs, killed daily by one of
five hundred pages from the Family Book of Medicine.
May the sky-blue kingfisher who wove his nest within
your weak heart be damned for all time.

GWIEZDNE

Noc biała. Wapno kruszy się ze starego pnia jabłonki,
który zasłonił widok na dom. Znowu śpimy na dworze.

Dwa piżmaki wyszły ze stawu. W mokrej sierści
jak w zgniecionych bombkach tli się dziwny ogień.

Leżę w pustej rynnie jak w gwiezdnych wrotach,
a ty podajesz mi do ust owocową landrynkę.

A white night. Lime crumbling away from the bark of the
    old apple tree
which blocks our view of the house. Again, we choose to
    sleep outside.

Two muskrats crawl out of the pond. Their wet hides,
like torn tinsel, holding strange fires captive.

I lie inside an empty gutter as if it were the pearly gates,
while you slip between my lips a boiled sweet.

ZWIJANIE

Zwozimy z pola dojrzałe makówki. Tyle fioletów w rękach.
Szeleszczące klepsydry przesiewają nas pod koniec lata.

Wózek znika za kopcem. Pędzi z górki na zbity pysk
szosy, którą remontują od miesiąca i nie pozwalają zasnąć.

Psy włóczą kości po ostatnich ubojach. Obwąchują piszczele
korzeni. Nasz dąb-pupilek jeszcze się trzyma skarpy.

W kamionkach pękają wielokomorowe serca
ostrężyn. Mrówki zlizują słońce z wapiennego gruntu.

Dym szarpie struny. Winniczki płoną w tajemnych kręgach.
Zwijają się podziemne rzeki – Nic tu po mnie – mówisz.

We harvest ripe poppy heads. So many violets bunched
    in hand.
Whispering hourglasses sift through us at the tail end of
    summer.

A trolley vanishes behind the mound. The battered road
hammers downhill, repairs going on all month, keeping us
    awake.

Dogs drag bones down back roads, sniffing the tibiae
of tree roots. Our baby-oak still clings to the hillside.

In stone huts, the multi-celled hearts of berries
bursting. Ants licking sunlight off the chalky earth.

Smoke tearing at the strings. Snails aflame in secret circles.
Rivers veer off underground. "Nothing for me here," you say.

POLOWANIE NA PIŻMAKI

Przy brzegu stawu, w pułapce uplecionej
z drutu i powietrza szarpie się piżmak.
Pod jego powiekami gałązki moczarek,
gamy ryb, przekroje kamieni, mięczaków,
pękające groble, jak wtedy, gdy powódź
zabrała go z naszego stawu do Warty.

Na błonach między palcami zbiera się muł,
w którym wczoraj zasypiał żółtobrzeżek.
Tyle zdołam wydobyć, zanim nastąpi cięcie
latarki ojca.

HUNTING MUSKRATS

On the shore of the pond, in a trap woven
of wire and air, a muskrat is struggling.
Pondweed branches beneath its eyelids,
various fish, cross-sections of stone, molluscs,
breaking dykes, like that time the floods
took him from our pond off to the River Warta.

Silt collecting in the webbing of its feet,
where a great diving beetle fell asleep yesterday.
This much I will unearth, before the darkness is cut
by father's torch.

Nawijał powietrze na wypaloną zapałkę
i utrącał jej główkę precyzyjnym szarpnięciem.
Na drewnianych obręczach wzniecał ogień.
W pokoju, przysięgam, pojawiały się supernowe
i znikały w ciemni przepastnych kieszeni.

Jak większość widzów straciłam wtedy głowę,
byłam zapatrzeniem, oddechem, zakręcona,
jakby wziął mnie w obroty najstarszy z alchemików,
który udowodnił, że warto przekraczać granicę
poznania, choćby kończyło się to utratą wzroku.

Na moich oczach, w wydrążonych monetach
znikały te mniejsze. Orzeł połykał reszkę.
Król zmieniał się w jokera, wywijał koziołki.
Z pięści wyskakiwały bibułowe kwiaty.
Znowu stałam się przestraszonym dzieckiem,
które zgubiło się na nieskończonych polach
kukurydzy, szukając ulubionej piłki.

W płaszczu iluzjonisty zmieściłby się wasz świat,
drewnianogłowi, ale to później zrozumiecie,
teraz jak kilometry powiązanych ze sobą chusteczek
potraficie tylko wyskoczyć z rękawa
lub jak stado gołębi nasrać na scenę.

Patrząc na mojego ojca, pomyślałam,
że niektórym za bardzo sprzyjają siły natury,
ale on skrzywił się z bólu, żeby mi pokazać,
jak potrafią wypalić człowieka od środka.

MY FATHER THE MAGICIAN

He wrapped air around an extinguished match,
knocked its black head off with a precise tug,
turning wooden rings into round fires.
The room, I swear, filled with supernovae,
which then vanished in his dark pockets.

Like most of those present, I lost my head,
turned into pure gaze, breath, stunned,
as if the eldest alchemist had taken hold of me,
he who proved that it is worth crossing the limits
of knowing, even if it costs you your sight.

Before my very own eyes, within drilled out coins
smaller coins would vanish. Heads swallowing tails.
Kings turning into Jokers, performing backflips.
Fists exploded in bunches of paper flowers.
Once more, I became a terrified child
lost in fathomless cornfields,
searching for her favourite toy.

The magician's coat could hide your worlds,
you dunces, something you'll only come to understand later,
but for now, like those lines of tied-together hankies
you can ape the appearance of a jack-in-a-box
or, like clamouring pigeons, shit all over the stage.

Looking at my father, I thought to myself
some people wield natural forces well,
but he contorted in pain to show me
they do also scorch from within.

PESTKI

Wchodzę do papierni z koszykiem wiśni.
Na stalowej bramie akwaforty siarki,
transparenty o przyszłości narodu.
Naród uwija się nad drewnianą miazgą,
trzyma w ryzach jeszcze ciepły papier,
który na serio dojrzeje w urzędach.

Nocna zmiana wypełza z pekaesów,
odbija w datownikach karty pracy.
Ojciec na portierni pali papierosa,
trzęsą się mu ręce nad konsolą,
gdy przyciskiem otwiera i zamyka bramy.

Od tamtego dnia, w którym odkryłam,
że jesteśmy śmiertelni,
między nami upłynął tylko czas.

I enter the paper mill with a basket of cherries.
The steel gate bears sulphur etchings,
banners holding up our nation's future.
The country stumbles over woodchip tiling,
holding reams of paper, still warm,
which will only reach full maturity in an office.

Night shifts crawl from intercity coaches,
stamping their dates on time sheets.
Father smoking at the reception desk,
his hands shaking over the console
as he remotes the gates open and shut.

Ever since the day I discovered
that both of us are mortal,
nothing's passed between us but time.

LEKCJE PŁYWANIA

Miałam zaledwie sześć lat, kiedy ojciec,
udzielił mi pierwszej lekcji pływania,
zrzucając mnie z tratwy na środku jeziora.
– Tylko silni przetrwają – powiedział,
gdy wypłynęłam z sinymi ustami i umarł
kilka lat później nad tym samym jeziorem.

Po jego śmierci zamieszkałam na wyspie,
której za pięćset lat nie będzie na mapie.
Nie zasypiam podczas wrześniowych sztormów.
Gdy algi stemplują klify, wiatr odkleja
od ziemi pola lawendy; tonę i zmartwychwstaję.

SWIMMING LESSONS

When I was six, my father taught me to swim
by throwing me off a raft in the middle of a lake.
When I rose again from the depths, he said
"Only the strong survive", then succumbed to
a heart attack on those same shores a decade later.

After he died, I moved to an island which, in half
a millennium, too will sink and vanish from all maps.
Its September storms leave me feeling restless.
As algae stamps the white cliffs, wind peeling
lavender fields from the earth, I drown and rise again.

Kształt podobny do jaskółki uczynił
tę wiosnę, obudził w rynnach utopki.
Poskromiony motor czekał w stodole
na przypływ mocy, na dyskotekę,
gdzie tutejsze bzykały się z chłopcami
z placu broni. Ty nie przyjechałeś.

Znowu zabrakło węgla. Ziąb trzymał
nas w kupie wokół żeliwnego piecyka.
Dziadek porąbał wszystkie balaski.
Babka omiotła progi święconą palmą.

Przewody iskrzyły. Przybywało wilgoci
pod tynkiem. Piecyk zrzucał patynę.
Pierzyna zapachniała wiatrem.
W niej kotłowały nieopierzone lęki.

Ile jeszcze musi przelać się tej wody,
abyś odżył po kłótni z pijanym ojcem,
gdy kształt podobny do jaskółki spadł
z dachu, zahaczając o transformator?

SPARKS

A swallow-shaped thing brought springtime
forth, waking water spirits from the gutters.
A housebound motorbike sat in the barn,
waiting for the tide to turn, for a village
disco where local girls shagged lads
from the barracks. You didn't make it.

Then the coal ran out again. Cold holding
us close around the cast iron stove.
Grandfather turned fences into firewood.
Grandma swept the steps with a holy palm.

Sparks dancing on cables. Damp accumulating
beneath the plaster. The stove casting off its patina.
Bedding sometimes smelling of breezes.
In it, fledgling fears writhing.

How much of that water must rise and fall for you
to come back from the fight with your drunken father,
when that swallow-shaped object fell from
the roof, crashing against the transformer?

BAJKA O ŚMIERCI

Jest w tobie tajemna przestrzeń,
pod mostkiem czujesz kamienny dom.
W nim mieszka ta Mała. Zawozi ją do szkoły
taki rudy, co ukrywa ślad po mauzerze.
W szkole uczy się języków martwych,
procesów rozpadu, anatomii drobnoustrojów,
wzorów skończoności i teorii przypadku.

Przeczytała już obowiązkowe traktaty
o wybujałej i histerycznej naturze grzybów,
o eksterminacji roślin naczyniowych.
– Zbyt pilna, dojrzała, jak na swój wiek –
powiada jej niewyraźna babka
zajęta cerowaniem sepiowych zdjęć.
Wieczorem siedzi z dziadkiem na ganku,
podaje mu lodowatą rękę, ogląda gwiazdy,
nieruchome punkty, majaczący blask w głogu.
Słyszy miarowe bicie źródła w stawie.

Dziadek całuje ją w czoło.
Jego usta błysk w pajęczynie,
dłonie spuchnięte króliki w niebieskim sitowiu
tną krajzegą deski na nowe łóżka,
na wszelki wypadek, dla nowych gości.

Co będzie, gdy ona dorośnie? Przejrzy na oczy
i zapragnie zachłysnąć się twoim powietrzem.
Może przejdziesz ulicę na czerwonym świetle,
napatoczysz się w miejskim szalecie na złotą bestię,
na sen, nóż w parku, na splot wydarzeń i słów.

A FAIRYTALE ABOUT DEATH

Within you there is a secret space,
beneath the breastbone a sort of stone house.
The Little One lives there. He takes her to school,
the ginger fellow, the one who hides his bullet scar.
In school, she studies dead tongues,
decompositions, anatomies of micro-organisms,
finite formulae and theories of chance.

She has already crammed compulsory lectures
on the wild, hysterical nature of mushrooms,
as well as the extermination of Flora Exsiccatae.
"Too studious, too mature for her years,"
says her ill-defined grandmother,
busy darning sepia photographs.
Evenings, she sits with her grandfather on the veranda,
gives him her icy hand, stares at the stars,
motionless points, delirious glare in the hawthorn.
She hears the measured beating of the pond spring.

Her grandfather kisses her forehead,
his lips a glimmer in the cobweb,
swollen hands rabbits in the blue bulrush,
sawing planks to make new beds,
just in case, for guests yet to come.

What will happen when she grows up? Sees
herself and then desires to inhale your air?
Maybe you'll cross the street on red,
ambushing a golden beast in some toilet, or a dream,
a knife in the park, an entanglement of incidents and words.

WESELNE RONDO

Wracamy o świcie całą rodziną
prowadzeni przez pola maków,
których nie wyczaiła milicja.

Dzieci strącają bucikami łebki
błękitniejących dmuchawców,
walczą z mgłą sflaczałym balonem.

Idziemy wyczerpani jak brudnice,
które po całonocnej kopulacji
odpoczywają na liściach dębu.

Wilgotne powietrze zbryliło talk
w zmarszczkach, rozwinęło ondulacje,
szukając lepszego wcielenia
w niewyraźnych światłach.

Ktoś porzucił mokasyn w parującej kupie,
puścił pawia na liście chrzanu.

Idziemy przez podmokłe łąki
jak procesja w dolinie Jozafata.

A WEDDING PARTY

Our family traipses home at dawn,
through fields of poppies
the police haven't sniffed out yet.

Children, their tiny boots knocking
the heads off bluish puff-balls,
fighting off mists with a flagging balloon.

We walk as exhausted as nun moths
which, having copulated all night,
rest on a bed of oak leaves.

Damp air turning talc solid
in wrinkles, unfurling perms,
seeking a higher incarnation
in far-off lights.

Someone's slip-on shoe in a steaming turd,
puke on a clump of horseradish leaves.

We struggle across boggy meadows,
stumbling through the Valley of Josaphat.

KOŁYSANKA

Śpij, jutro obejrzysz polską telewizję,
znajdziesz na progu karton papierosów.
Dobra wróżka uzupełni funty w liczniku
i odpoczniesz pod ciepłym prysznicem.

Śpij! Strużka brizera płynie po podłodze.
Tytoń układa się w kwiaty paproci.
Spełnią się marzenia. Wrócisz do kraju.

Śpij! Przestaniesz pić, rzucisz plantację,
gdzie łodygi wrzynają się w dłonie,
a czas na herbatę jest błogosławiony.

Śpij! Noc na wyspie obiecanej jest krótsza.
Budzik piszczy o piątej nad ranem.
Zziębnięty rower czeka przy bramie.
Jedziesz z dziadkiem na grzyby?

LULLABY

Sleep, for tomorrow you'll watch Polish satellite TV,
a carton of smuggled fags waiting on your doorstep.
A fairy godmother will also reload your gas meter,
help you find refuge under a warm power-shower.

Sleep! A Breezer trickle runs along the floor.
Tobacco folding into the shape of fern leaves.
Your dreams will be done. You will go home.

Sleep! You'll stop drinking, abandon the farm
where stalks cut your hard-working hands
and tea time is blessed respite.

Sleep! Night time here, in this promised land, is shorter.
The alarm clock squealing at five in the morning.
The shivering bicycle waiting by the gate.
Off mushroom picking with granddad?

Ile lewiatanów wypadło z kominka,
gdy syczało w ogniu zbyt wilgotne drewno,
ile koralików schowała na strychu?
W nich nieznane morza, języczki księżyca
rozdwojone w stawie. Patrz, szkiełko i oko
nie ma nic do rzeczy, które pojawiają się
w jej ciemnym pokoju. Obudziłeś demony
już w swoim dzieciństwie i nie uśpisz jej lęku
tuzinem pluszaków, lekcjami baletu.

Zanim uwierzysz w świat bez emcekwadratu,
będzie już za późno. Zabiorą ją, zmierzą
wewnętrzną ciepłotę stopniami Celsjusza.
W twoim czystym domu będzie małpką Bruegla.

EYES SHUT WIDER

How few leviathans fell from the fireplace
when wood, still damp, hissed in the flames?
How many beads did she hide up in the attic?
In them, unknown oceans, the tongues of our moon
split in two by the pond. Think, the old looking-glass
has nothing to do with the things which appear
in her darkened room. You had awoken demons
when already a child and now can't still her fears
with a dozen teddies or ballet tutorials.

Before you begin to believe in a pre-mc^2 world,
it will be too late. They will take and measure
her inner warmth with medical weapons.
In your tidy home she'll turn into one of Brueghel's monkeys.

NARZECZENI WĘDKUJĄ

Pijani rozkładają sprzęt na molo.
Dziewczyna nabija robaka na haczyk,
pomagając sobie przekleństwami.
Chłopak bawi się kołowrotkiem –
powoli podnosi i opuszcza kabłąk.

Przystań pachnie węglem drzewnym.
Niebieskie żyłki pulsują.
Już prawie noc, a ja wciąż widzę
ich błystki kołyszące się w toni.

LOVERS ANGLING

Drunks spreading themselves along the pier.
A girl impaling a worm on a hook
with the help of swear-words.
A lad toying with a reel,
slowly raising and lowering the bail.

Charcoal aroma set over the dock.
Blue fishing lines pulsating.
It is almost night, and yet I can still see
their lures swaying in the depths.

ZAWIĄZKI

Coś nas łączy jeszcze? – pomyślała nad ranem,
gdy szybkie numerki w długie popołudnia
były od dawna tylko mglistym wspomnieniem,
a ich zniekształcone ciała zanurzane w wannie
wypierały się zgodnie z prawem Archimedesa.

– Węzeł spuchł mi pod lewą pachą –
Światło zahaczyło o aluminiowy wieszak.
Spragniony pies lizał w kuchni puszkę po piwie.
Mąż wyrwany ze snu jak ze studni pełnej
nocnych bezdechów zganił ją – Śpijmy! –
lecz coś ich już kiedyś uśpiło cichaczem.

BUDS

"Is there anything left?" she asked herself
at dawn, now that their slow afternoon
quickies were just a faint memory,
transformed flesh sinking in their bathtub,
thrust upwards in accordance with Archimedes.

"I've got a swelling under my left armpit."
Light caught on an aluminium coat hanger.
Their dog thirstily licking a beer can in the kitchen.
Her husband, awoken from a well full
of breathless nights, shot her a "Night, then"
but something had already sent them to sleep.

LIST DO KOLEŻANKI Z CHIN

Na Twoje pytanie, co porabiam na wyspie,
mogę odpowiedzieć: zamieniam się w muszlę
jak mistrz Mussard. Według niego,
świat w pozornym ruchu od dawna wapnieje.

Gdy ujrzysz cieśninę, to przyznasz mu rację.
Ona też się zmienia w dziwną skamielinę
jak pagórki w mojej rodzinnej wiosce,
kiedyś były morzem i jaśniejsze słońce
wschodziło nad wodą, a wymyślne ryby
jak imiona poetów z dynastii Tang
wyskakiwały z głębin. Teraz perz, lebioda
i wapienne smoki kipią pod powierzchnią.

Bądź spokojna, czas, którego się boisz,
spoglądając w lustro, w moim języku
ma trzy formy, w twoim nie odmienia się wcale.

A LETTER TO MY FRIEND FROM CHINA

When you ask what it is I do here on this Isle,
I can answer: I am turning into a shell,
like Maitre Mussard, who claims
the world, moving slowly, is turning to chalk.

When you gaze out on the strait, you will agree.
It too is turning into a strange fossil,
like the hills around my home village.
They were once sea also and a brighter sun
rose over the waters, while wondrous fish
like the names of poets from the Tang dynasty,
leapt from their depths. Now couch-grass, pigweed
and limestone dragons seethe beneath the surface.

Don't worry, time, which you so fear when
looking into a mirror, in my language
has three tenses. In yours, it cannot inflect.

CZASY ZESPOLONE

Twoja piętnastoletnia matka z plemienia Sukuma
wrzucała do kąpieli kości goryla, aby przegoniły
złe moce. W szałasie szaman jak jadowity wąż
zmieniał skórę, wróżąc z pępowiny nagłą burzę.
Spragnione owady poiły się połogową krwią.

W tym samym czasie moja matka rozwijała
szpitalny becik, aby sprawdzić, czy jestem
cała. Wiązała na przegubach czerwone wstążki.
Na suficie tańczył ogień żeliwnego pieca.
Pieluchy z tetry kostniały w sieni. Był luty
jak dziś na wyspie, gdzie w Cafe Throntos
obchodzimy razem trzydzieste czwarte urodziny.

09.02.2008

COMPLEX TIMES

Your fifteen-year-old mother from the Sukuma tribe
tossed gorilla bones into bathwater to chase away
evil spirits. The shaman, in his tent, like a venomous snake,
shed his skin, casting a sudden storm from his own bellybutton,
thirsty insects feasting on puerperal blood.

At this same time, my mother was unwinding
her hospital swaddle to check if I was all there.
Tying red ribbons on my wrists and ankles.
Our ceiling a dance floor to the stove fire.
Cloth nappies turning solid in the hay. February,
just like today on the Isle, where in Café Throntos
we are both celebrating our thirty-fourth birthdays.

09.02.2008

LEKTORZY

Moja babcia nie rozumiała tego, co czyta.
Tyfus przerwał jej naukę w pierwszej klasie
szkoły powszechnej i zdążyła zapamiętać
kilka wierszyków z elementarza Falskiego.
Do szkoły podwoził ją na furmance mleczarz.
Miała szczęście, bo była chuda, piegowata
i nie przypadła do gustu sprośnemu woźnicy,
który na brudnej derce pomiędzy bańkami
pobierał od uczennic zapłatę w naturze.

Dzięki temu, że babcia lepiej niż czytanie
opanowała wypiek smacznych kołaczy,
to w czterdziestym trzecim darował jej życie
pewien niemiecki oficer, gdy przy jej stole
przypomniał sobie nagle rodzinną Bawarię.
Jego matka czytała mu przed snem „Odyseję".
Jako mały chłopiec nie rozumiał heksametru,
ale książkę Homera nosił przy sobie całe życie,
to znaczy do czasu, aż niepiśmienny sołdat spalił ją
w łagrze razem z zakrwawionym mundurem.

Choć ominął mnie tyfus i przeczytałam w życiu
trochę więcej książek niż elementarz Falskiego,
na wyspie, gdzie mieszkam, jestem analfabetką.
W mojej głośnej lekturze plaża brzmi jak suka,
klucze są pocałunkiem, prześcieradło gównem.
Jeszcze niedawno, kiedy chciałam powiedzieć,
że czegoś nie umiem, mówiłam: „ja pizda".

Nie ma niczego słabszego na Ziemi niż człowiek –
napisał Homer. Procentowo nasze ciało wypełnia
głównie słona woda, a to może też znaczyć,
że jakiś szalony Odys chciałby w nas żeglować.

My gran never understood the things she read.
Typhoid stopped her finishing her first year
of school and all she ever remembered of it
was a couple of verses from her alphabet book.
The milkman gave her lifts to school in his cart.
She was lucky, being thin and freckled
she didn't catch his eye, unlike others
who, on the dirty tarp among the pails,
paid carriage with their young flesh.

Because she was better at baking delicious cakes
than reading, in nineteen forty three a German
officer spared her life, the smells of her kitchen
reminding him of his family home in Bavaria.
His mother had read him *The Odyssey* at bedtime.
As a little boy, he didn't understand the hexameter,
but he carried Homer's book with him all life long,
that is, until an illiterate Bolshevik burned it
in a far-off gulag, along with his bloodied uniform.

Although typhoid passed me by, and I've read
a few books since mastering my own alphabet,
in England, where I live, I am illiterate.
When I speak, a beach becomes a bitch,
keys a kiss, a sheet shit. Not that long ago,
when trying to say I can't do a thing,
I would call myself a cunt.

Homer said: "Nothing on Earth is weaker
than humans." Percentage-wise, our bodies
are mostly water, which could also make
some crazed Odysseus set sail inside us.

BAJKA O ŻYCIU

Ta mała ostatni cud. Osiem tygodni ma serce i głowę.
Gubi się wewnątrz i zwija się w lęk. Taka podobna
do konika morskiego albo innych wodnych stworzeń.

W jej surowym umyśle trwa zaciemnianie nieludzkich stron.
Coraz mniej w nim przeźroczystych dolin i głębinowych
    snów.
W szarych ukwiałach rodzi się rozumienie powietrznego
    świata.

Chciałabym odsłonić warstwy tkanek i zobaczyć,
jak szykuję się do życia, czerpiąc obczyznę pełnymi skrzelami.

Kiedy za kilka miesięcy zakwitną tutejsze śnieguliczki,
ona po raz pierwszy otworzy oczy; wypchnie małą stopę,
będzie zwiastować pod skórą brzucha swoje nadejście.

Wczoraj wieczorem na Surbiton Grove próbowała odejść.
Ciemna krew wsiąkała w żwir. Dzieci w granatowych
mundurkach wracały ze szkoły. Złoty ocean zacierał ślady.

A FAIRYTALE ABOUT LIFE

A pure miracle is she. Eight weeks old and already a heart
    and a head.
Lost inside, curled up in fear. The spitting image
of a seahorse or some other marine creature.

Within her raw mind pre-human things fading,
ever emptier of transparent valleys and abyssal dreams.
Grey anemones giving entry into an air-filled world.

I want to uncover layers of tissue and peer in
as I prepare for life, inhaling foreignness with wide
    open gills.

When, in a while, local snowberries come to bloom,
she will open her eyes for the first time; kick out a little foot,
and foretell her own coming from beneath that belly skin.

Yesterday evening, at Surbiton Grove, she tried to depart.
Dark blood soaking into gravel. Children in navy
uniforms returning from school. A golden ocean covering
    all tracks.

BEZSENNOŚĆ W RYDE

Od wszystkich rzeczy oddziela mnie próżnia
i nie pcham się nawet ku jej krawędzi.

FRANZ KAFKA, *Dzienniki 1910-1923*

Plamka na tęczówce – rudy kot na framudze,
lśniące futro na krawędzi powietrza,
wyłazi z siebie, aby dogonić dmuchawiec.

Z wiktoriańskiej kamienicy wypływa Angielka.
Niech jej wybaczą ściany codzienne przekleństwa.
W nocy otwiera się próżnia, pęka w skroniach,
nabita płaczem dziecka i gwizdem promów.

SLEEPLESS IN RYDE

A void separates me from everything
and so I don't even go near its edge.

FRANZ KAFKA, Diaries 1910-1923

A speckled iris – a ginger cat on the window sill,
shiny fur on the edge of air
jumping out of itself
just to catch a puff-ball.

An Englishwoman released by a Victorian tenement.
Let the walls forgive her daily cursing.
At night, the void opens up, cracking the temples,
full of a child's cries and whistling ferries.

PART II

NOTES FROM AN ISLAND

2006

9.08.2006

Wyspa Wight jest miejscem, które się do mnie przywiązuje. Ziemia otoczona wodą, mówiąca różnymi językami świata, pełna niespodziewanych zwrotów akcji i barwnych fabuł. Skręcam do centrum Ryde i obserwuję, jak ulica z przechodniami wpada do cieśniny Solent. Tłum urlopowiczów topi się w paryskim błękicie. Wczoraj zaskoczyła mnie grupa hinduskich kobiet, które niespodziewanie wyleciały z Zaułku Vernona jak ważki. Trzepocące skrzydełka kolorowych szali, orientalne zapachy. Odwróciłam się za nimi. Spojrzały na mnie z pogardą jak na białą kosmitkę.

*

The Isle of Wight is becoming part of me. This bit of land, an isle off an island, speaking the many tongues of the world, plots and events taking strange turns. I turn into the centre of Ryde and watch the street, flowing with pedestrians, roll down into the Solent. The crowd of tourists dissolves into Parisian blue.

Yesterday, I was startled by a group of Indian women who floated out of Vernon Square like dragonflies. The fluttering of scarves, the aroma of the Orient. I turned to take another look. They did the same, their expressions dismissing me as a pale alien.

10.09.2006

Na wyspie jak między snami kręcę się wolno. Jestem podwójna. Choruję na przewlekłe tygodnie. Wieża

Spinnaker zaglądała do okien, do ogrodów, ulotna i biała jak tutejsza farma żywych motyli. Mgły na stromych ulicach jak ruchliwe karły wypływają z drzew. Skręcają w wilgotnym powietrzu włosy kobiet.

Czas odpływu. Żaglówki kiwają się na piasku. Lokale przy High Street pachną frytkami, groszkiem i baraniną w miętowym sosie. Turyści popijając rum, marnują się w knajpkach od zmierzchu do świtu. Poduszkowce jak skorupiaki uciekają z wody. Do filiżanek spadają piwonie: usta – płatki – usta. Otwierają się salony gier. Zwijają pola golfowe. Zabierz mnie z tego „raju", gdzie czuję się mdło jak herbata z mlekiem. Zabierz mnie, bo wyparuję.

*

I meander round this isle slowly, between dreams. Feeling halved. Falling ill for weeks on end. The Spinnaker Tower peeking into our windows, our gardens, as fleeting and white as the harvests of the local butterfly farm. Mists floating down from tree tops, crawling along steep streets like dwarves. Twisting damp vapours into women's hair.

Time for tide out. Sailing boats swaying on the sands. Shops along the High Street emanating the smells of chips, mushy peas and lamb with mint sauce. Tourists sipping rum, wasting away in bars from dusk until dawn. Hovercraft shellfish crawling out of the waters. Peonies falling into cups: lips – petals – lips.

Gambling arcades opening for the evening, just as golf courses start shutting.

Take me away from this paradise, where I feel as tepid as milky tea. Take me, lest I evaporate.

11.10.2006

Mam lepszy kontakt z duchami niż z ludźmi. Moje dzienne myśli uciekają ostatnio jak piersi z biustonosza: nabrzmiałe i ciążowo zmieniane. W snach nawiedzają mnie umarli. Ostatnio śnili mi się jako ludzio-kwiaty w sztywnych ubraniach poplamionych woskiem, w lnianych sukniach. Pochylali się nade mną, próbowały wrosnąć w moje ciało: pęd po pędzie. Pamiętam inne drobiazgi z tego snu: indygowe światło gazowej lampy, drewniane balie z mydlinami rozłożone na stole karty taroka.

*

I feel closer to ghosts than to the living. Daily thoughts escape me of late, just as my breasts evade my bra: engorged and pregnant with possibility. My dreams peopled with the dead. They come in the form of sedum shrubs, flower-people in stiff suits speckled with wax, wearing linen robes. Hanging above, trying to enter me, root by root. I recall other fragments of dream: indigo light from a gas lamp, a wooden tub filled with suds.

2007

10.04.2007

Życie pomiędzy światami. Życie w żywych i w umarłych. Pomiędzy wiejską pełnią i wielkomiejską pustką. W melodyjnej gwarze i w śląskim bełkocie. W głębi języka polskiego i w zarodku języka obcego. Życie nowe na moich rękach i przy piersi. Na auto-

nomicznej wyspie i w zjednoczonej Europie, na kra-
wędzi.

*

Life between worlds. Life in the living and in the
dead. Between rural fullness and urban emptiness.
In melodious dialects and Silesian mumblings. In
the depths of my native Polish and the gestation of
a foreign tongue. New life in my arms and against
my breast. On an autonomous island, in a unified Eu-
rope, right on the edge of everything.

17.09.2007

Pewnej nocy, tak w połowie wojny, babcia usły-
szała na górce rumor pancernych samochodów. Prze-
straszyła się nie na żarty. Władek wciąż nie wracał
z obozu dla jeńców wojennych i musiała teraz sama
myśleć o wszystkim. Kazała dzieciom schować się
w kopcu i siedzieć tam cicho. Wyjrzała przez okno.
Kuchnię zalało oślepiające światło. Zmrużyła oczy.
Usłyszała szwabskie rozmowy w sieni, ofensywę
wojskowych butów na drewnianej podłodze. Z ca-
łych sił starała się nie zemdleć.

Zmęczony oficer przekroczył próg jej izby, roz-
siadł się na krześle, pokiwał wyglancowanym butem
i wskazał mauzerem świeży chleb przykryty wy-
krochmaloną ściereczką. W mig pojęła, o co chodzi.
Podbiegła do stołu, przyłożyła bochenek do piersi
tak, jak matka ją nauczyła, ukroiła grube pajdy i po-
smarowała masłem. Nigdy w życiu jej tak ręce nie
drżały. Niemiec zsunął okulary, przetarł je rąbkiem
koszuli i długo się jej przyglądał. Powoli jadł chleb

i dalej patrzył. Zegar tykał. Cienie ślizgały się po gumolicie. Pies miotał się na łańcuchu przy budzie. Nagle oficer wstał, zaczął kręcić się po izbie, zajrzał do glinianego dzbanka, gdzie kisił się żur. Podszedł do niej i wyszeptał coś po niemiecku. Potem zawołał podwładnych, wydał rozkazy, skinąwszy głową na pożegnanie, szybko wyszedł z kuchni. Ku jej zdziwieniu Niemcy zabrali tylko worek mąki, trzy kacz-ki z chlewa i odjechali. Po kilkunastu minutach odszukała dzieci. Chciała sprawdzić, czy wszystko jest u nich w porządku. Kazała im, tak na wszelki wypadek, nocować w stodole. Sama położyła się na podłodze przy skrzynce z kurczętami i łkała całą noc. Dopiero nad ranem strach puścił i odetchnęła z ulgą.

Zapamiętała krótkie zdanie, jakby przeczuwała, że słowa te mają związek z ocaleniem jej życia. Zaraz po wyzwoleniu pojechała na rowerze do gminnej biblioteki, poprosiła o słownik. Z pomocą bibliotekarki, która znała trochę niemiecki, przetłumaczyła słowa oficera, które pochodziły z „Fausta" Goethego: „To, co wiecznie kobiece, pociąga nas wzwyż".

*

One night, back in the times of the last World War, she heard the sound of armoured vehicles up on the hill. Her terror was for real. Wladek was still being held in the prisoner of war camp and she had to do everything herself. She told the kids to hide in a haystack and stay there, as quiet as field mice. Then glanced out the window. The kitchen flooded with blinding light. She squinted. Heard Germans talking in the gantry, the advancing of army of boots across the wooden floor. Trying with all her might not to faint.

An exhausted man in a commanding officer's uniform crossed the threshold, dropped into a chair, one leg crossed over the other, polished knee-high boot bobbing, pointed with his Mauser pistol to the freshly baked loaf of bread, covered with a starched piece of linen. She instantly realised what she had to do. Running over to the table, she grabbed to loaf, holding it to her bosom, and started to cut thick slices which she then smothered in butter. Her hands had never shaken so much. The German slipped off his glasses, polished them with the corner of his shirt and stared at her for a good while. Eating the bread and staring. The clock ticking. Shadows crossing the linoleum. The dog tearing at his chain outside. Suddenly, the officer rose and started darting around the room, poking his nose into a clay pot, filled with souring rye. He walked over to her and whispered something in German. Then called over his subordinates, barked some orders, nodded a farewell and left hastily.

To her surprise, the soldiers took only a sack of flower, three ducks from the pen and left. After a good few minutes, she went to fetch the children. Desperate to see if they were OK. Just to be sure, she told them to sleep that night in the barn. Then lay on her own, on the floor by the wooden box with the newly-hatched chickens and sobbed all night. Fear only released its grip at sunrise, allowing her to breathe with relief.

She memorised the short bit of German the officer had whispered, as if she knew that it was those few words which had saved her life. Right after the liberation, she cycled over to the district library and asked for a dictionary. With the librarian's help she managed to translate the officer's utterance, taken from Goethe's Faust: "That which is eternally female elevates the best in us."

18.09.2007

– Miałem dzisiaj ciekawy sen – mówi mój dziesięcioletni syn.
– Śniło mi się, że mieszkam na planecie, która była miękka i giętka jak piłka. Nic tam nie robiłem. Czas spędzałem na odbijaniu się od ziemi.
– I co było dalej? – pytam zaciekawiona.
– A potem ty się zjawiłaś i wypuściłaś powietrze.

*

"I had an interesting dream last night" my ten-year-old son says to me.
"I lived on a planet which was as pliant and soft as a rubber ball. I didn't have to do anything there. Just spent my time bouncing off the ground."
"And what else happened?" I ask, curious.
"And then you showed up and punctured it."

30.09.2007

Podglądam go przez okno, kiedy wraca ze szkoły. Mój *Polish boy* w granatowym mundurku, przygarbiony, samotny przecina Alexandra Road. Wchodzi do przedpokoju jak kot. Rzuca krawat ze znakiem swojej szkoły. Milczy. Odkłada ten czas na później. Podchodzi do stołu. Uruchamia przekładnię języka.

*

I sneak glances at him through the window as he comes home from school. My 'Polish boy' in his navy blue uniform, stooped, crossing Alexandra Road all alone. He enters the hallway like a cat. Discarding his tie with the Bishop Lovett School crest. Silent. Leaving something of this time for later. Approaches the kitchen table. Shifting gears in his translation machine.

1.10.2007

Zajrzałam do niego na chwilę, żeby odebrać pocztę. Szykował w kuchni kanapki z truskawkami i drobniutko posiekaną dymką. Nagle komputer się zawiesił i poprosiłam o pomoc. Stanął za mną, przylgnął do fotela.

Wstrzymaliśmy oddech, czekając, aż świat też się zawiesi i w tej nieobliczalnej brei będziemy się kochać aż do utraty. Nic się nie wydarzyło. Wybiegłam na ulicę, zostawiając otwartą skrzynkę.

*

I popped in to see him just to collect the post. He was making sandwiches with strawberries and finely chopped spring onion. Suddenly the computer froze and I asked him to help. He stood behind me, pressing against the back of the chair.

We held our breaths, waiting for the world to freeze too, letting us make love in its unpredictable mess without end. Yet nothing happened.

I ran out into to the street, leaving the letter-box gaping.

3.10.2007

Wieczorem jadę z koleżanką do klubu fitness. Instruktorka tańca w dresie moro skacze jak wujek na weselu w Lgocie. Obok w auli bal. Z limuzyn wysiadają jednodniowe *rozważne i romantyczne*. Walkmany transmitują klubowy koncert. W saunie orchidea z wielkimi piersiami. Rozpuszczalność życia jest zadziwiająca w tym klimacie. W szatni zapach trampek. W foliowych workach uduszone kostiumy. Starsi panowie popierdując, spiskują przeciw Partii Pracy. Obok w siłowni angielskie rozmowy, szepty. Uderzam pięściami w głuchą, gipsową ścianę. Kawałki tynku spadają na moje buty. Ja nigdy nie zatańczę w tym języku!

*

In the evening, I take my friend to a fitness class. The dance instructor, dressed in cammo, jumps up and down like an uncle at a village wedding. In the hall next door they are holding a ball. Limousines pulling up, disgorging these temporary extras from *Sense and Sensibility*. Walkmen transmitting clubbing music. In the sauna, an orchid with huge breasts. The dissolving life is surprising in this climate. The changing rooms reeking of trainers. Strangled sports kits packed in plastic bags. Old men farting and plotting against the Labour Party. In the gym next door, English voices. I will never get to dance in this tongue.

2008

19.01.2008

Wyobraziłam sobie, że naukowcy stworzyli program komputerowy, który umożliwiałby projektowanie osobowości artystycznych dzięki syntezie danych o wybranych twórcach. Wrzuciłam zatem do jednego wirtualnego worka: Bolesława Leśmiana, Brunona Schulza, Zygmunta Haupta i Ildefonsa Houwalta, malarza manekinów, linoskoczków i „zieliszków". Wybrałam tych artystów, ponieważ, moim zdaniem, od czuwali oni okrutny niedosyt realnej rzeczywistości. Ich światy były podobne i przenikały się nawzajem, tak jakby były odłamkami jakiejś jednej wyższej istoty. Zebrałam potrzebne dane: wiersze, opowiadania, notatki, obrazy, rysunki, wspomnienia. Nacisnęłam enter. Powstała istota tak karykaturalna, obłąkana i czuła, że prawie natychmiast umarła.

*

I had this vision of scientists being able to programme people's personalities in accordance with a synthesis of various famous artists. And so I threw into the mix Boleslaw Lesmian, Bruno Schulz, Zygmunt Haupt and Ildefons Houwalt, the painter of mannequins, tightrope walkers and flower fairies. I chose these four because of what I perceive to be their ability to sense the cruel inadequacy of reality. Their worlds were quite alike and wove together, as if they were all fragments of some singular higher being. I collected the necessary information: poems, stories, notes, paintings, drawings, memoirs. Then pressed Enter. Producing an entity so grotesque, maddened and sensitive, it died in a flash.

03.07.2008

Kurs angielskiego, na który uczęszczają matki z małymi dziećmi, aby pokonwersować w języku wyspiarzy. Rozmawiamy na temat poezji Johna Keatsa. Jeden dzieciak wyraźnie znudzony wierci się na krześle i zaczyna rozrzucać notatki. Jego zdenerwowana mama jak nie huknie po polsku:
– Uspokój się synek i zostaw te papiery, bo jeszcze jaki poeta z ciebie wyrośnie!

*

I attend English lessons, along with other migrant mothers and their small children. They help us feel more at home in the Islanders' tongue. One session features John Keats and his poetry. The son of one of the students, evidently bored, writhing in his chair, starts to throw scraps of paper on the floor. His mother, irate, explodes in Polish:
"Put those down, or you'll grow up to be another poet!"

14.07.2008

Siedzę w barze, obserwując dwóch mężczyzn. Ten starszy, któremu dałam na imię John,(w koszulce z nadrukiem Lazy Bones), przebija słomką miąższ cytryny. W półmroku szuka dłoni chłopaka, którego poznał przed godziną. Wypluwa gumę. Rozchyla wargi, tak jakby chciał wziąć do buzi pachnący chipsami i tytoniem kciuk. W końcu rozpina dżinsy i pokazuje tatuaż Marilyn Monroe na owłosionym udzie.

97

– Dobra robota – szepcze młodszy. Ich oddechy jak przezroczyste liście mięty mieszają się w powietrzu.

*

Sitting in a pub, I am watching two men. The elder, whom I name John (wearing a Lazy Bones t-shirt), keeps piercing a piece of lemon with the tip of a straw. In the semi-darkness he keeps grasping for the hand of the lad he met an hour ago. He spits his gum out. Opens his lips, as if he wanted to suck on the crisp and tobacco stained thumb. Instead, he undoes his jeans to expose the Marilyn Monroe tattoo he has on his hairy thigh.

"Nice work," says the youngster. Their breaths, like transparent mint leaves, mingle in mid-air.

24.07.2008

Wychowałam się na wsi i nie boję się gryzoni, więc szczurek, który od jakiegoś czasu pokazywał się w mojej łazience był niezłym pretekstem. Tak naprawdę od dawna chciałam poznać sympatycznego studenta spod siódemki. Późnym wieczorem, ubrana tylko w szlafrok, zapukałam do jego drzwi. Otworzył mi w samych bokserkach.

– Dobry wieczór. Przepraszam, że przeszkadzam, ale mam wielki kłopot i jestem śmiertelnie przerażona – powiedziałam. – Proszę sobie wyobrazić, że przed chwilą w mojej łazience pojawił się ogromny szczur. Bestia siedzi w brodziku i ani myśli stamtąd wyjść.

– OK, zaraz spróbujemy coś z nim zrobić – odpowiedział lekko zdziwionym głosem. Zniknął na chwilę w przedpokoju i wrócił w dżinsach, uzbrojony w tłuczek i wielką papierową torbę. Poszliśmy do mojego mieszkania. Sąsiad wszedł do łazienki i poprosił mnie, żebym zaczekała w kuchni, bo z tego co widział w telewizji, szczury w sytuacji zagrożenia bywają niebezpieczne. Usłyszałam jakiś rumor, walenie tłuczka w podłogę, szamotanie foliowej kotary pod prysznicem i po pięciu długich minutach student zawołał mnie wreszcie do łazienki i pokazał wypchaną torbę, która leżała pognieciona obok umywalki.

– Już po wszystkim, złapałem go. Teraz może pani spać spokojnie.

– Dzięki Bogu – wycedziłam przez zęby. Tak naprawdę było mi szkoda zwierzaka. Spojrzałam na sąsiada uwodzicielsko i zapytałam, czy napije się herbaty. On jednak podziękował uprzejmie. Już miał wychodzić, ale się zawahał. Chwycił atłasowy pasek mojego szlafroka, przyciągnął mnie do siebie i pocałował delikatnie. Oszołomiona oparłam się o chłodne płytki i niechcący potrąciłam kapciem papierową torbę, z której wysypały się skrawki papieru toaletowego.

*

I was raised on a farm and am not afraid of rodents, so the rat which kept appearing in my bathroom became a useful excuse. In actual fact, I had wanted to meet the attractive student living at number 7 for a while now. One evening, dressed only in a bathrobe, I knocked on his door. He appeared, only wearing a pair of boxer shorts.

"Good evening. Sorry to disturb you, but I have a problem and am terribly afraid," I stammered. "A huge rat seems to have got into my bathroom. The beast is sitting in the shower and doesn't want to move."

"OK, let's see what we can do," he said, slightly surprised. He vanished for a moment, reappearing dressed in jeans and armed with a plunger and a huge paper bag. We went to my flat. My neighbour went into the bathroom, asking me to wait outside, because from what he had seen on TV, rats can become aggressive when threatened. I heard some kind of tumult, the sound of plunger hitting the tiled floor, the rustling of the shower curtain, then, after all of five minutes, the lad called me into the bathroom and showed me the paper bag, wrapped up and lying next to the washbasin.

"All done, he's caught. Now you can sleep soundly."

"Thank God," I said through clenched teeth. In actual fact, I felt sorry for the creature. I looked at my neighbour and asked if he fancied a cup of tea. He thanked me, making excuses. He was about to leave, when he hesitated. Pulling me by the satin belt of my robe, he drew me toward him and kissed me gently. Stunned, I leant against the cool tiled walls and accidentally stepped on the paper bag, spilling bits of paper towel from it.

26.07.2008

Mahoniowe kobiety z połyskującymi, granatowymi włosami w pstrokatych sukniach na kremowych schodach banku oglądają błękitne mapy.

*

Women with skin of mahogany, navy blue hair glistening against colourful dresses on the painted steps of the local bank, going over sky-blue maps.

10.08.2008

– Vicy z mojej klasy opowiedziała mi pewną historyjkę – zagaja Mateusz. – A było to tak:
Pewien mężczyzna znalazł na ulicy perłę. Zaniósł ją do domu, przyglądał jej się długo z podziwem, schował ją do pudełka po zapałkach i próbował o niej zapomnieć, ale nie mógł zasnąć, zastanawiał się, kto mógł zgubić tak piękną rzecz i co z nią zrobić.
– I co było dalej? – pytam zaciekawiona.
– Oddał klejnot fundacji charytatywnej Red Cross, a potem sprzedał cały swój majątek i odkupił perłę. Musiał mieć pewność, że ona należy tylko do niego.

*

"Vicky from my class told me a certain story," Mateusz opened. "It was like this: A certain man found a pearl lying in a street. He took it home, studied it with wonder, then put it into an empty matchbox and tried to forget all about it, but he couldn't fall asleep for thinking about who could have lost such a beautiful thing and what to do about it."
"What happened next," I asked.
"He gave the pearl to the Red Cross, then sold all of his worldly belongings and bought the pearl back. He had to feel sure it belonged to him and him alone."

2009

04.01.2009

– Wiesz, tak naprawdę bardzo kochałam tylko R. – zwierza się na swoim wieczorze panieńskim moja pijana kumpela.
– Tak? To do cholery, dlaczego go zostawiłaś?
– Bo widzisz, po naszej pierwszej, bardzo udanej nocy R. obudził się bladym świtem i zaczął zbierać swoje rozrzucone po dywanie ubrania.
– Głupia, cóż w tym dziwnego?
– On układał te wszystkie ciuchy w kostkę na fotelu.

*

"You know, I only ever really loved R.," says a friend, drunk, on her hen night.
"Really? So why the hell did you leave him?"
"You see, after we slept together for the first time, which was great, he woke at the crack of dawn and started picking all his clothes off the floor."
"What is so bad about that?"
"He then folded them all up and placed them neatly on the armchair."

22.07.2009

– Wczoraj pojechałem do Newport – opowiada znajomy – i tak się zmęczyłem załatwianiem sprawy w Urzędzie Pracy, że nabrałem ochoty na kawę. Podszedłem do pierwszej napotkanej kobiety, która wyglądała jak VIP i zapytałem, gdzie w tym mieście można napić się dobrej kawy, a ta uśmiechnęła się, spojrzała na mnie przez te swoje jaskrawobłękitne soczewki i odpowiedziała, że nieopodal jest taki bank, w którym dają kawę za darmo.

*

"Yesterday, I went to Newport," says a friend. "I was so tired of trying to sort out all the documents in the Job Centre, I felt like having a coffee. I approached the first woman I came across, she looked like someone rather posh, and asked where I could get a good cup of coffee around here. She smiled, glanced at mc through her ultra-blue contact lenses and said that nearby there is a bank where they have a free coffee machine."

24.07.2009

Moja dwuletnia córka siedzi w kącie ogrodu i szepcze do pająka:
– Nie bój się, nie bój.

*

My two year old daughter is sitting in the corner of the garden and whispers to a spider,
"Don't be afraid. Don't be."

12.10.2009

Maluję usta. Wkładam mini, szpilki i cienkie rajstopy, bez fig. Idę do pobliskiego parku. Parkan pachnie zgniłymi renetami. Siadam na ławce. Przede mną pojawia się rudawy chłopak, ma dzikie oczy. Krąży na rowerze kilka minut. Uśmiecham się. Kil-

ka rundek i zatrzymuje się przy mojej ławce. Opiera rower o kosz na śmieci i podaje mi papierową torebkę.
– Moja babcia sprzedaje precle i oscypki, to przyniosłem kilka. Może się pani poczęstuje? Wzięłam paczuszkę, ale nic nie odpowiedziałam.
– Pani mi kogoś przypomina.
– Pan też wydaje mi się znajomy. – Podaje rękę. – Ola – kłamię.
– Witek – odpowiada.
– Czekasz tu na kogoś?
– Nie, chciałam odpocząć po pracy.
Witek siada obok. Rozmawiamy kilka godzin, aż w parku robi się całkiem pusto i ciemno. Próbuje mnie pocałować, ale odwracam głowę. Przeprasza. Wkładam jego dłoń pod sukienkę. Pieści mnie przez rajstopy. Budzę się. Świt. Naciągam kołdrę na twarz.

*

I put on some lipstick, then a miniskirt, high heels and stockings, then walk to the nearest park. The fences smell of rotting apples. I stop and sit on a bench. A lad appears before me, red-haired and wild-eyed. He circles me on his bicycle for a few minutes. I smile. A few more rounds and he stops beside me. He rests the bicycle against a litter bin and hands me a paper bag.

"My grandmother sells pretzels and goats cheese. I brought you some. Would you like to try?"

I take the parcel, but say nothing.

"You remind me of someone," the boy says.

"You too look familiar," I reply, reaching out a hand in greeting. "Ola," I lie.

"Witek. Are you waiting here for someone?"

"No, I was just resting after a hard day's work."

104

Witek sits beside me. We talk for a few hours, until the park turns quite empty and dark. He tries to kiss me, but I turn away. He apologises. I put his hand up my skirt. He caresses me through the stockings. I wake. Dawn. And cover my face with the duvet.

01.12.2009

Od rana dziesięć telefonów w sprawie pracy, literowanie mojego polskiego nazwiska, które wydaje mi się teraz obce. Za oknem w kuchni mignęła pomarańczowa kurtka pocztowego posłańca Royal Mail. Jest list! Biegnę do drzwi z nadzieją, że może dostałam informację o nowej pracy, zaproszenie na rozmowę kwalifikacyjną albo chociaż decyzję o przyznaniu zasiłków dla samotnej matki. Rozrywam kopertę, a tu tomik wierszy.

*

Ten calls since morning about work, and every time I have to spell my name over and over again, letter by tiny letter. With each call, the sound of it becoming ever-more alien to me. Outside the kitchen window, the orange flash of a Royal Mail postman's jacket flies by. An envelope! I run to the door, hoping it's news of a job offer, an invite for interview or at least a decision about benefits. I tear it open and out pops a poetry chapbook.

2010

24.01.2010

Od środy praca, która znowu nauczy mnie pokory, pasiasty uniform śmierdzący fryturą jak przed laty, kiedy studiowałam sztuczne kody na wykładach z polskiej fonetyki. Mięso angielskiego języka, które będą smażyć, abym oswoiła się z codzienną skła--dnią, z idiomami, które podawane na gorąco każą mi przełykać trzy dni w tygodniu, żuć, otwierać i zamykać w pamięci. Powszedni chleb wpychany na siłę do gardła, bo przecież trzeba żyć.

*

On Wednesday, I start a new job. Another lesson in humility. A striped uniform, stinking of chip fat, same as years ago, when I was studying artificial codas for lectures in Polish phonetics. They will fry scraps of English language meant for me so I can become more accustomed to every-day sentences, to idioms, which served hot I will be forced to swallow three days a week, chewing, digesting and storing them in my memory. Our daily bread forced down my throat, for, after all, we must eat.

25.01.2010

Czekałam na spotkanie w *Help Center* pięćdziesiąt minut. Gdy rozbawiony ploteczkami urzędnik raczył wyjść ze swej tajemnej kanciapy, moja zmęczona córka zwymiotowała mleczne śniadanie na jego buty.

*

I was made to wait for almost an hour in the Help

Centre. By the time the assistant emerged from a back office, amused at some bit of office gossip or other, my daughter wiped the smile from his face by throwing up the remains of her breakfast all over his shoes.

28.01.2010

Zima na wyspie Wight! Anglicy dawno takiej nie widzieli. Listonosz nie przyniósł cotygodniowego czeku. Wyłączyli prąd na naszej ulicy. Telefon stacjonarny też od dwóch tygodni nie działa. Oby błogi szum w słuchawce nie zmienił się nagle w głos mojego landlorda, któremu dawno powinnam wpłacić na konto ponad sześć stów. Zauważyłam, że sąsiedzi ukradkiem robią zapasy. Może też powinnam kupić jakieś konserwy? Sklepy już teraz świecą pustakami, ponieważ samochody dostawcze nie kursują. Co będzie za tydzień?

Śniłam, że cieśnina Solent zamarzła, a ja biegłam po lodzie z czerwoną reklamówką do Portsmouth po zakupy. Dzisiaj nie mogłam kupić mleka, ale poratowali mnie znajomi, którzy mieszkają na peryferiach Ryde i znaleźli je w osiedlowym sklepiku u Lankijczyków. Na oblodzonej High Street staruszki w kolorowych gumiakach przepoczwarzają się w dzieci i rzucają się śnieżkami. Widząc to, pomyślałam, że nasze, polskie emerytki rzucałyby raczej przekleństwami w takiej sytuacji. Dorośli odśnieżają sobie pamięć i też rozrabiają na poboczach. Widziałam faceta, który jak odbarwiony żuczek gnojny toczył śniegową kulę wzdłuż Nelson Street. Wieczorem Mateusz wymodził sanki z plastikowej ogrodowej zjeżdżalni i razem z innymi autochtonami ślizgał się w dół uli-

cy. W tym czasie, w ciemności, flagi Unii Europej-
skiej przy wejściu na molo zesztywniały od mrozu
jak wykrochmalone spódnice mojej babki.

*

Winter arrived on the Island! All the locals com-
menting they had not seen its like in an age. The
postman failed to deliver the weekly cheque. Then
all down our street the electric went. The phones
haven't worked for a fortnight. I pray the calming
silence on the line does not suddenly turn into my
landlord's voice, demanding the six hundred quid
I should have paid into his account long ago. I no-
ticed the neighbours sneakily starting to store food.
Should I too go about buying some tinned foods? The
shops suddenly empty, seeing as the delivery vans
can't get up the steep streets. What will next week
bring in their place?

I dreamt the Solent had frozen over, letting me
run across it, holding a red carrier bag, to shop in
Portsmouth. I couldn't find milk anywhere today, but
neighbours came to my rescue. They live on the out-
skirts of Ryde and managed to buy some for me in
another shop. On our iced-over High Street, elderly
ladies in colourful wellies turn into little kids and en-
gage in full-on snowball fights. Seeing this, I thought
their peers back home would be tossing swear-words
at each other, rather than snowballs. Adults too de-
frost their imaginations and go to play on the side
streets. I saw a man, looking like a beetle wrapped in
a brightly coloured puffa jacket, rolling a giant ball
of snow along Nelson Street. That night, Mateusz
turned a plastic garden slide into a toboggan and
along with other boys kept sliding all the way down

the street. Meanwhile, in the dark, the European Union flags at the entrance to the pier stiffened with frost, just like the starched skirts my grandmother used to hang up to dry.

01.03.2010

Bujna wyobraźnia nie pozwala mi korzystać z pięknych, starych przedmiotów. Koleżanka podała mi ostatnio zabytkową, srebrną bombillę do picia liściastej, zielonej herbaty. Przeżywałam męki, wyobrażając sobie, jak przez tę rurkę sączyła płyn bezzębna, angielska arystokratka.

*

My overactive imagination won't let me put to use the beautiful old objects I have around the house. A friend recently handed me an antique silver bombilla for drinking green leaf tea. I went through hell imagining how, through its straw, a toothless English lady once sipped her tepid liquids.

27.05.2010

Starsza kobieta, na pierwszy rzut oka Arabka, po zjedzeniu lunchu toczy się niezgrabnie do drzwi. Ma spuchnięte łydki pokryte żylakami. Biegnę za nią i podaję jej czarną, wyszywaną cekinami torbę:
– Przepraszam, pani torebka! – wołam po angielsku. Kobieta dziękuje. Przygląda mi się uważnie. Patrzy w oczy i na koniec mówi coś w niezrozu-miałym dla mnie dialekcie. Z potoku jej słów potrafię

wychwycić tylko jedno wyraźnie wymawiane:
– Takija, takija!
Po kilku godzinach dosyć wyczerpującej pracy
wracam do domu. W niedzielę po jedenastej w nocy
stoję sama na przystanku. Kręcę się w bańce deszczu.
– Takija, takija! – piszczy mewa.
Chyba znowu mam stan podgorączkowy. Kaszel.
Palce śmierdzą domestosem. Coś rozprzestrzenia się
pod skórą, kondensuje na blaszkach płuc jak szron
na liściach. Jest tak cicho na wyspie, że słyszę, jak
woda spływa strumieniami do studzienek kanaliza-
cyjnych.
Wpadam do domu. Rzucam reklamówkę z unifor-
mem na podłogę. Dzieci śpią. Szukam słownika wy-
razów obcych. Jest takija, ładnie wyglądające słowo
po arabsku: lęk, ostrożność, choć często tłumaczone
jako przyzwolenie na ukrywanie prawdziwych wie-
rzeń, a więc ta staruszka rozpracowała mnie jednym
spojrzeniem.

*

An elderly women, possibly Arabic in origin,
waddles ungainly towards the exit having finished
her lunch. Her swollen ankles are covered in vari-
cose veins. I run after her and hand her a black, se-
quinned bag.
"Excuse me, your handbag!" I shout in English.
The woman thanks me. Then studies me carefully.
Looks me in the eye and eventually says something
in a dialect I cannot understand. All I am able to ex-
tract from her flow of words is one precisely uttered
word,
"Takija, takija!"
After some hours of exhausting work, I get home.

Sunday, long past eleven, I am alone at a bus stop, twirling in a vacuum space around which rain lashes down.

"Takija, takija," a seagull screeches. I think I must be getting a fever again. Coughing. My fingers stink of Domestos. Something stretches itself out beneath my skin, condensing within my lungs like frost on leaves. The Island is so quiet, I can hear water flowing in streams down street gratings. Eventually, I get indoors. Throwing down my carrier bag, stuffed full of work uniform. The kids are asleep. I go searching for a dictionary. There it is, takija, a beautiful Arabic word: fear, security, though also often translated as hiding and the concealment of true beliefs... So, that old woman decoded me with a single glance.

16.06.2010

Rano byłam zmęczona, ponieważ pół nocy pisałam baśń. Moi bohaterowie: Zak, Zula i Wielki Perl pojechali ze mną do pracy i to oni sprawili, że potrąciłam tacą alarm przeciwpożarowy. Rozpoczęła się ewakuacja restauracji. Kierownik podbiegł do drzwi i otworzył je na oścież, prosząc, żeby wszyscy spokojnie opuścili salę. Najpierw matki z dziećmi, potem reszta. Stałam jak sparaliżowana. Widziałam nastolatka, który ukradł lunch z sąsiedniego stolika i wrzucił go do swojej reklamówki. Młoda matka nie mogła rozpiąć pasków fotelika, w którym siedziała jej kilkumiesięczna córeczka. Zaczęła nerwowo szarpać dziecko. Jakiś mężczyzna podbiegł do niej i nacisnął klamerki. Zak, Zula i Wielki Perl siedzieli w rogu sali i uśmiechali się do mnie. Wyszłam jako ostatnia, uwięziwszy ogniki w dłoni.

*

Come morning, I was tired, having spent half the night writing a fairytale. My protagonists, Zak, Zula and Big Perl, went with me to work and caused me to press the fire alarm with a serving tray. The restaurant had to be evacuated. The manager ran out to the front doors and opened them wide, asking everyone to calmly leave the premises. First mothers with children, then everyone else. I saw a teenager steal the food from a neighbouring table and throw the food box into his own carrier bag. A young mother couldn't undo the clips on the straps holding her tiny daughter in a high chair. She started to tug at the child with nervous panic. Someone ran over and undid the clips. Zak, Zula and Big Perl were sitting in the corner of the room, smiling right at me. I was one of the last to leave, having trapped the flames inside my clenched fist.

08.12.2010

Wchodzę do sklepu z używanymi meblami i dostrzegam w kącie piękny, secesyjny kredens.
– Czy to art nouveau? – pytam po angielsku.
– Nie, to dąb – odpowiada młoda sprzedawczyni.

*

I go into a shop with old furniture and in the corner spot a beautiful, antique dressing- table.
"Is it art nouveau?" I ask in English.

The young shopkeeper shrugs, shaking his head.
"Nope, think it's oak."

2011

30.06.2011

Zaczyna mnie mdlić poezja polska. Uciekam od niej do Hłaski, Caldwella, Zweiga, Dowłatowa, Flauberta, Kafki. Nachlapałam się przez te wszystkie lata tomików z Zielonej Sowy, Biura Literackiego, antologii, zestawów barbarzyńców i klasycystów, podległych nisz, czasopism z empiku, nieszuflad, blogów, pre- i post-brulionowców, netowych artzinów, ścieków wierszy, e-booków, pedeefów. Jestem polską poezją zawirusowana. Mam dosyć wierszy, wypędzam je ze skrzynki pocztowej na pulpit lub w czeluści kosza. Przecieram zainfekowane oczy. Włażę w netowe teksty jak dziewczyna w kałużę w wierszu Ezry. Pounda ze świadomością, że czas mojej głośno stukającej maszyny do pisania Predom przeminął na zawsze. Poezja jest monitorowana. Monitor trzeszczy. Wielki Admin czuwa i zmienia wiersze w mdłą papkę. Gdzie jest język poetycki, który nie boi się zdań pękatych, wielokrotnie złożonych, o które modlił się Herbert, pisząc Epilog po burzy, gdy jego prywatny świat pękał. Już nawet w esemesach odbieram wiersze, karmię się tanimi blurbami ze stron wydawnictw i zastanawiam się, gdzie podziała się ta dziewczyna z filologii polskiej, która po wykładach podawała profesorowi drżącymi rękami swoje rękopisy, gdzie te spotkania, podczas których krytyk z *Nowej Rudy* czytał szkic na temat braku centrali, a obok mnie pani

Jadzia, poetka z Poetyckiego Klubu Seniora, skubiąc
słonecznik, szeptała mi do ucha: „tarara, zgłoś się
centrala" albo mitingi poetów w hotelach robotni-
czych po konkursie im. Poświatowskiej, gdy chmiel
parował uszami, a na korytarzu kwitły konopie in-
dyjskie. Mam dzisiaj wzdęcia od wierszy. Uciekam w
stronę Seaview z węglikiem płonącym na wardze".

*

Polish poetry is starting to make me feel queasy. I
hide from it in the prose by Hlasko, Caldwell, Zweig,
Dowlatow, Flaubert, Pilch, Kafka. I have had years of
reading poetry volumes from Zielona Sowa, Biuro
Literackie, anthologies, offerings from the "barbar-
ians" and the "classicists", niche genres, publications
bought in bookshops, blogs, pre- and post-Brulion
poets, internet art-zines, reams of verses, e-books,
PDFs. I am infected with Polish poetry. I have had
my fill of the stuff, chasing files from my inbox onto
my desktop or into the trash. I rub my infected eyes.
I traipse through on-line texts like the girl wading
through puddles in the poem by Ezra Pound with
the awareness that my days of typing on the loud
Predom typewriter have passed forever. Poetry is
monitored. My computer screen is creaking. The
Great Admin is watching and turning poems into a
dull mess. Where is the poetic language unafraid of
weighty lines, folded over and over again, the kind
Herbert used to pray for writing his Epilogue after
a storm, written as his personal life was collapsing. I
even get poems sent to me in text messages, feeding
on cheap blurbs from poetry publishers, wondering
what happened to the young girl who once studied
Polish Literature, the one who used to hand her pro-

fessor reams of hand-written verses with a trembling hand, what happened to the meetings where a critic from *Nowa Ruda* read his thesis on the lack of a central theme, Mrs. Jadzia from the Senior Citizens Poetry Club sitting beside me, nibbling sunflower seeds, whispering in my ear "Hello, hello, come in" or the poetry recitals in workers' hostels following the Festival in honour of Poswiatowska, when hops steamed out of my ears, the corridors lined with blooming Indian hemp. I escape towards Seaview "with a cinder smouldering on my lips".

18.07.2011

... i słów, dziewczyno, jest zawsze mniej
a żywego więcej niż potrafisz znaleźć
KRYSTYNA MIŁOBĘDZKA

Dzisiaj kotka zaczęła rodzić w kącie przy biurku w zaciemnionym pokoju syna. Źrenice miała powiększone jak rozpadające się galaktyki. W nich migały pyłki czegoś obcego.

Syn akurat grał w wojenną grę *Black Ops*. W czasach zimnej wojny jako amerykański komandos likwidował nazistowskich zombiaków.

Jeden czarny kotek urodził się; pomiaukiwał i pełzał po wykładzinie. Kotka wiła się w bólach. Zauważyłam, że drugi kotek nie może się wydostać. Jego oblepione śluzem nóżki zwisały bezwładnie. Utknął w drogach rodnych i udusił się. Kotka wstawała, przysiadała, próbowała wypchnąć jego martwe ciałko.

Syn zdobywał kolejne punkty, ale i tak zginął ogłuszony przez granat i pogryziony przez członków Specnazu.

W tym samym czasie walczyłam o życie kotki. Nie wiedziałam, co robić. Masowałam jej brzuch. Nie chciałam ingerować, aby nie pogorszyć sytuacji. Żałowałam, że skończyłam filologię zamiast medycyny (tak jak planowałam w liceum) i nie doczytałam rozdziału *Biologii* Villee'go o rozmnażaniu ssaków. W końcu ciało kotki wygięło się jak podczas egzorcyzmów i nastąpił ostatni skurcz. Pokazała się martwa główka. Kotek był za długi jak na noworodka dachowca. Miał na nosku cztery dziwne, białe wypustki, pysk szczurka, a między sinymi paluszkami błony. „Mutant" – pomyślałam i wraz ze ścierwem łożyska zapakowałam go do plastikowej, śniadaniowej torebki. Tak musiało być. Natura go wyeliminowała. Po piętnastu minutach pierworodny, wylizany do czysta kotek znalazł sutek i łapczywie próbował go ssać. Czarne galaktyki w oczach kotki kurczyły się powoli. W pokoju rozległo się mruczenie.

Syn w kolejnej rundzie Black Ops jako agent CIA dostał nowe życie.

*

… and words, girl, are always lacking
and the living more than you can ever find

Krystyna Milobedzka

Today, the cat went into labour in a corner of my son's darkened room. Her pupils were dilated like exploding galaxies. Glimmers of something alien glistening deep inside.

My son was playing the shooting game *Black Ops*. During the Cold War, playing an American commando, he was eliminating Nazi zombies.

A black kitten was born, meowing and crawling across the carpet. The mother writhed in agony. I noticed the second kitten could not get out. His mucus-covered legs were dangling helplessly. He had got stuck in the birth canal and was asphyxiated. The cat kept getting up, sitting down, trying to push out his little dead body.

My son kept scoring more points, but he too died, deafened by a grenade and bitten by the starving undead *Spetsnaz*.

I fought for the life of my cat. I had no idea what to do. I kept massaging her tummy, not wanting to intervene, so as not to make the situation worse. I was sorry I had studied literature instead of medicine (as I had planned back in school), and did not finish reading the chapter in *Villeg Biography* by Claude Alvin Villee on the breeding habits of mammals. Finally, the cat's torso bent in half, like a scene from *The Exorcist*, and one final cramp happened. The dead head appeared. The kitten was too long in shape for a normal cat. On his nose, I noticed four strange, white indentations, the snout of a rat, and webs between his pale toes. "A mutant," I thought to myself and together with the placenta I packed him in a plastic sandwich bag. This was how it was meant to be. Nature eliminated him. After a quarter of an hour, the firstborn kitten was licked clean and on his way to finding a nipple, desperately trying to suck. The black galaxies in the cat's eyes were diminishing slowly. The room filled with purring.

My son was reborn as a new CIA agent and set off for a new Black Ops.

02.08.2011

Las w Wootton Bridge. Tym razem wszędzie rozsiały się lejkowce, kanie, zieleniatki. Najadłam się, jak kiedyś lesie w mojej rodzinnej wiosce, soczystych, mlecznych orzechów laskowych i jeżyn, a potem włóczyłam się kilka godzin między drzewami. Brunatne i błyszczące od rosy purchawki wyglądały jak stos finek gotowych do preparacji. Poczułam zapach krwi, ałunu i gnijącej skóry.

W ciepłe, niedzielne popołudnie wyraźnie wydaję mi się, że kończy się świat. *Fishandchipsy* i grille w ogrodach pracują pełną parą. Telefony budzą się z letargu. Pajęczyna impulsów z satelitów ciąży nad domami jak wojskowa siatka maskująca. Kilka tysięcy mieszkańców miasteczka rozłożona na kanapach ogląda dziwne (wręcz średniowieczne), rozgrywki cyrkowe, podczas których publiczność i jurorzy decydują, kto posiada prawdziwy talent.

Jakiś facet wysiada z jeepa i biegnie z kamerą w kierunku trzcin. Zapewne chce pokazać swojej żonie, która umiera w szpitalu Świętej Marii w Newport jak bladoniebieskie jaja czapli pękają powoli nad rozlewiskiem.

*

A wood in Wooton Bridge. I ate my fill as I had once, in Rzeniszow, of juicy, milky hazelnuts and berries, and then wandered for some hours among the trees.

The sunlight was dicing the soft forest floor as if in a line from a poem by Robin Robertson. I had spent much of June translating his poem 'The Flaying of Marsyas' and when I crossed a meadow, I saw a massive branch, burnt to a crisp and fallen across the grass. "Satyr," I thought. I could smell blood, alum and decomposing flesh.

Across this warm, Sunday afternoon I can clearly see the world coming to an end. Fishandchips and people grilling in their gardens at full steam. Phones waking from their slumber. A web of satellite signals hanging over the houses like a military camouflage net. A few thousand residents of my little town stretched out on their sofas, watching strange (almost medieval) circus games during which the public and their juries decide who has and who has not got real talent.

A man leaps out of a four wheel drive and, camera in hand, runs towards the rushes. I am certain he wants to show his wife, who is dying in St. Mary's Hospital, how pale blue heron eggs are hatching by the lake.

2012

24.02.2012

Świt. Dzwoni telefon. Ktoś pyta w pidżynie o stan mojego komputera. Odpowiadam zaspanym głosem, że mój komputer jest w porządku, ale żebym mogła dokładnie to ocenić, muszę wstać z łóżka, a teraz nie mogę tego zrobić, ponieważ chcę dalej spać, gdyż jestem zmęczona. Mój rozmówca jak nakręcony jednak znowu pyta, czy mogłabym sprawdzić jak tam mój komputer, a ja na to odpowiadam pytaniem, czy możemy o tym porozmawiać po piętnastej i odkładam słuchawkę. Mija godzina. Dzwoni telefon. Muszę

119

odebrać, bo a nuż to nauczyciel ze szkoły córki. Tym razem odzywa się kobieta. Rozmówczyni nie przedstawia się i z azjatyckim akcentem pyta, jak tam mój komputer.

*

Break of dawn. The phone rings. Someone asks in pidgin English about the state of my computer. I answer, half-asleep, that my computer is fine, but to confirm this I would have to get up, which I would rather not do, as I want to sleep as I am still quite tired. The caller, like an automaton, once again asks if I could check on the state of my computer, upon which I tell him to call back after three, and put the phone down. An hour goes by. The phone rings. I have to answer, just in case it is a call from my daughter's school. This time, the voice is female. The caller does not introduce herself and, with an Asian accent, asks after the wellbeing of my computer.

2014

16.01.2014

– Może przeprowadzimy się do Londynu? – pytam córkę. – Są tam polskie szkoły i sklepy. Nie będziemy wciąż czekać na prom do Portsmouth.
Córka, która urodziła się w stolicy wyspy, zamyśla się chwilę i odpowiada:
– No ale jak my tam będziemy żyć bez morza?

*

"Maybe we should move to London?" I ask my

daughter. "They have Polish schools and shops there. We won't have to wait all the time for the Portsmouth ferry."

My daughter, who was born in a hospital in the heart of the Isle's capital, pauses a second, and says:

"Yes, but how will we survive without the sea?"

WIOLETTA GREG [Grzegorzewska] is a poet, writer, editor and translator. Born in southern Poland, she moved to the UK in 2006 and currently resides in the town of Ryde on the Isle of Wight.

Wioletta has published several volumes of poetry in Poland, Canada and the UK, including: *Wyobraźnia kontrolowana* (Controlled Imagination, 1998); *Parantele* (Kinships, 2003); *Orinoko* (2008); *Inne obroty* (Alternate Turns, 2010); the bilingual *Pamięć Smieny / Smena's Memory* (2011); the collection of short prose forms *Notatnik z wyspy* (Notes from an Island, 2011) and a debut novel, *Guguly* (2014) in which she revisits the experience of growing up in Communist Poland.

Her poems have appeared in numerous literary journals and she has won several literary prizes, including the Tyska Zima Poetycka.

MAREK KAZMIERSKI is a writer, publisher and translator. He escaped communist Poland as a child and settled in the UK. Joint winner of the Decibel Penguin Prize and sole recipient of the BIKE Magazine Philosopher of the Year award, Marek is also the managing editor of a prison literary magazine *Not Shut Up* and founder of OFF_PRESS, an independent publishing house which has worked with English PEN, the South Bank Centre, the Polish Cultural Institute, the Mayor of London and various universities across Europe.

His work has been published in numerous journals and titles, including the *Guardian*, *3AM Magazine* and *Poetry Wales*. This book was translated during his residency at Villa Decius in Krakow, Poland, courtesy of The Polish Book Institute.

ARC PUBLICATIONS
publishes translated poetry in bilingual editions
in the following series:

ARC TRANSLATIONS
Series Editor Jean Boase-Beier

'VISIBLE POETS'
Series Editor Jean Boase-Beier

ARC CLASSICS:
NEW TRANSLATIONS OF GREAT POETS OF THE PAST
Series Editor Jean Boase-Beier

ARC ANTHOLOGIES IN TRANSLATION
Series Editor Jean Boase-Beier

'NEW VOICES FROM EUROPE & BEYOND'
(anthologies)
Series Editor Alexandra Büchler

details of which can be found on the
Arc Publications website at
www.arcpublications.co.uk

CPSIA information can be obtained at www.ICGtesting.com
Printed in the USA
LVOW12s2127220615

443400LV00005B/667/P